淡交新書

昭和の落語 名人列伝

監修執筆 今岡謙太郎・中川 桂
執筆 宮 信明・重藤 暁

淡交社

目次

第二章　上方（関西）の落語界……153

結び　平成の落語界……314

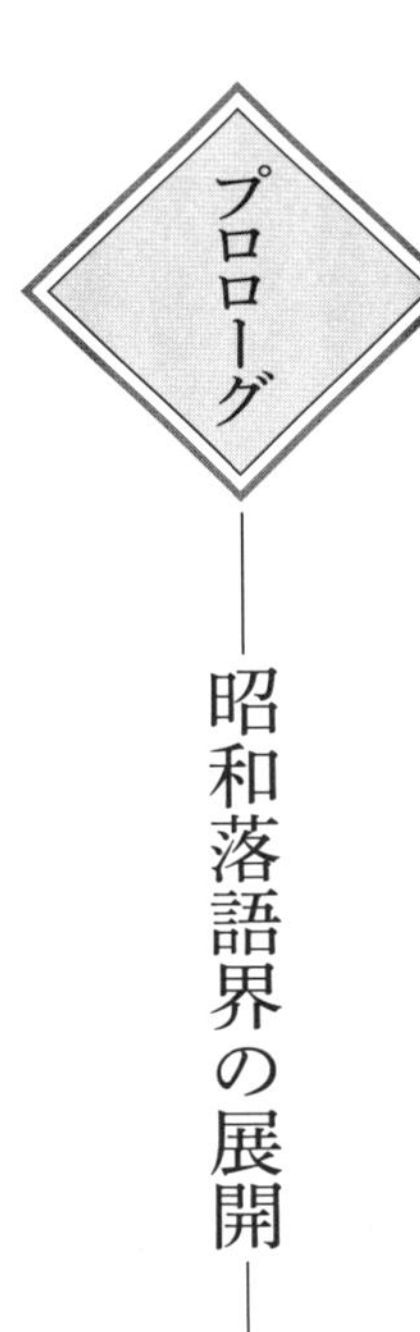

プロローグ

――昭和落語界の展開――

今岡謙太郎

昭和開幕から戦前期まで

昭和の落語界は動乱・混乱の中で出発することになったといえる。昭和改元の三年前に起きた関東大震災で、特に東京においてはそれまで辛うじてつながっていた江戸時代の痕跡が跡形もなくなり、明治時代の文物すら遠いものになった。

この時期、落語界に大きな影響を及ぼしたのはマスメディアの発展、特に放送とレコードの普及である。それまで寄席に足を運ばなくては聴けなかった落語は、家で居ながらにして楽しめるものとなっていった。また一方で全国における放送網の確立はそれまでなじみの薄かった地域の人々に落語を知らしめ、新たな客層を形成していくことになる。

その一方で、昭和初期の大不況は寄席興行に深刻な打撃を与え、新興の娯楽であった映画は寄席から多くの客を奪っていった。上野鈴本演芸場の席亭であった鈴木孝一郎は当時を回想して、夏場に10銭の入場料に対して入場者一人に10銭のアイスクリームを出したがそれでも客は来なかったと語っている（『東京新聞』昭和32年9月13日）。

こうした中、大正15（昭和元）年（1926）、当時東京で最大の会派であった東京落語協会から柳家三語楼が弟子分の金語楼とともに離脱し「落語協会」（俗に「三語楼協会」）を立ち上げる。また翌年には東京落語協会に拮抗していた東京落語睦会から「柳三遊研成社」が分裂と、各派乱立の様相を見せた。これら各派は提携・分離を繰り返してゆくことになるが、その中から当時大人気であった金語楼が一派を立てる。折しも東京進出に積極的だった吉本興行部の援助もあって独立は成功。そして昭和5年10月、金語楼と当時睦会で若手スターだった六代目春風亭柳橋が手を結び、新会派「日本芸術協会」が設立する。ここに戦後東京落語界の二大協会体制に繋がる二つの会派が出揃ったのである。その後、東宝をめぐる紛糾などいくつかの曲折を経て、睦会は12年ついに解散、所属していた落語家のほとんどは東京落語協会、日本芸術協会のいずれかに加入した。

この時期、上方落語界は衰微への道を余儀なくされていた。昭和5年のエンタツ・アチャコ登場以来、漫才が急激に人気を集め、上方における寄席興行の大半を掌握していた吉本は漫才への傾斜を深めていく。9年にスター中のスターだった初代桂春團治が歿したこともこの傾向に拍車をかけたといえるだろう。同年10月には二代目春團治襲名披露興行が、10年3月には五代目笑福亭松鶴襲名披露興行が行われたもののこの傾向は収まらず、12年に五代目松鶴は吉本を脱退。自宅を「楽語荘」と名付け、同志の四代目桂米團治らとともに雑誌『上方はなし』を創刊する。吉本による漫才全盛の中、戦後の黄金期につながる上方落語の灯は辛うじて維持されていった。

戦中の落語界

昭和12年（1937）に始まる日中戦争、15年の大政翼賛会発足と戦時色が強まる中、落語界もその影響を受けずにはいられなかった。この時期特筆すべきは禁演落語の制定であろう。時局を慮って不義や遊郭などを扱った53の演目が禁演となり、これらの演目を供養する「はなし塚」が建立され、16年10月に除幕式が催された。趨勢を慮った落語界側の自主的な制定で時局便乗の誹りは免れないが、一方で落語界に対する風当たりを象徴する出来事であった。戦局が不利になるにつれ寄席興行も満足に行えなくなり、出征する者、前線への慰問に加わる者も多く出てきた。さらに本土空襲によって東京・大阪の寄席は大打撃を受け、落語を聴くこともままならない状態で終戦を迎える。

復興の機運

終戦後における落語の復興は目覚ましかった。東京落語界では終戦直後の10月には7軒の寄席が興行を行っており、いずれも盛況であった。この時期、九代目柳家小三治（五代目柳家小さん）、三代目三遊亭歌笑、四代目柳亭痴楽の3人が台頭を見せ、若手三羽烏と呼ばれるようになる。また昭和22年（1947）には満州慰問で消息不明だった五代目古今亭志ん生、六代目三遊亭圓生の二人が相次いで帰国するなど、戦後落語界を支える体制が整っていった。23年の『住所重宝帳』には落語協会に落語家34名、講談5名、色物15名、お囃子3名、また芸術協会には落語家26名、講談4名、色物22名、お囃子4名の名が見える（『図説　落語の歴史』）。

一方上方では五代目笑福亭松鶴が昭和25年に、四代目桂米團治が26年に、二代目林家染丸が27年に、さらに28年には二代目桂春團治がそれぞれ歿してしまい、残るは盛りを過ぎた故老的立場の人々と、駆け出しといっていい若手のみになってしまう。新聞などでは「上方落語は滅んだ」とまで報道された。上方落語界が復興の軌道に乗ったのは昭和30年代に入ってからで、これに先立つ28年4月には「大阪落語倶楽部」が発足し、講談の旭堂南陵を含む36人が名を連ねている。その後高麗橋三越劇場で三越落語会が始まり、昭和30年4月にはＡＢＣ朝日放送主催「上方落語をきく会」が催され、以後ＮＨＫなど各局主催の落語会が開催されるようになった。そして32年4月には上方落語協会が設立される。寄席出演の有無と直結する東京と異なり親睦団体としての性格が強かったが、これで上方の落語家が一丸となる場ができたのである。会長は三代目林家染丸で、幹事として講談の旭堂小南陵（三代目南陵）と笑福亭枝鶴（六代目松鶴）、桂福團治（三代目春團治）、三代目桂米朝、桂小文枝（五代目文枝）が名を連ねている。「上方落語四天王」と称されることになる4人だが、この時最年長の松鶴で39歳、米朝33歳、春團治27歳、文枝27歳と、驚きといってよい若さであった。

黄金時代への歩み

東西それぞれに異なった状況の中で復興を遂げた落語界だったが、いずれも戦前には思いもよらないような盛況を見せるに至る。その原動力の一つが放送網の普及で、民放が次々と開局する中、大掛かりな舞台装置や音響設備を必要としない落語は局にとって便利この上ない存在であった。東京では昭和28年（1953）にラジオ東京（現TBS）が専属契約を取り入れたのを発端に、各局が次々と落語家を専属に取り込むようになった。上方では東京ほどの争奪戦は起こらなかったものの、笑福亭枝鶴、桂米朝が33年に朝日放送と、染丸、小文枝は毎日放送と契約を交わしている。

さらに昭和28年にはテレビ放送が開始される。急速に家庭に定着していったテレビは、お笑いタレントとしての落語家をこれまた急速に定着させた。初代林家三平（さんぺい）、三遊亭歌奴（うたやっこ）（三代目圓歌（えんか））はその象徴ともいえよう。ラジオ・テレビで獲得した人気を背景に、32年、異例中の異例としてこの二人はともに二ツ目のまま寄席で真打（しんうち）を勤めている。新しいメディアの台頭・定着の中で落語家は活躍の場を広げていった。

ホール落語と落語の黄金期

昭和30～40年代、落語界は一つの黄金期ともいえる活況を呈した。その一方の柱となったのがいわゆる「ホール落語」である。この時期東京では「三越落語会」「東横落語会」をはじめとして出演者を絞り、時間をかけて演じる形の落語会が次々と現れた。これらの会は従来の寄席とは一味違った、文化的な雰囲気を持つものと認識され、新たな観客層を掘り起こしていった。演者側では戦前から人気を得ていた八代目桂文楽、五代目古今亭志ん生に加え六代目三遊亭圓生、八代目林家正蔵、三代目桂三木助、五代目柳家小さんといった面々が頭角を現し、ホール落語は花盛りを迎える。またこれと並行して若手研鑽の場として「若手落語会」「落語勉強会」などが催され、その中から三代目古今亭志ん朝、七代目立川談志、五代目三遊亭圓楽といった次世代の中心となるメンバーが育っていった。ベテランと若手の歯車がかみ合い、競い合ったこの時期は落語史上一つの黄金期であったといえよう。

　この時期上方では前記の四天王が活躍を見せ、落語界を興隆に導いていった。中でも桂米朝の活躍は目覚ましく、放送で知名度を高める一方で埋もれた演目の復活、各地での公演を通じた上方落語の普及など大きな役割を果たした。また四天王それぞれが門弟を育成し、桂枝雀、笑福亭仁鶴、桂三枝（六代目文枝）といった次代を担う人材が成長していった。なかでも笑福亭仁鶴、続いて桂三枝がテレビ・ラジオで活躍し、吉本興業発展の礎を築いた。円熟にさしかかった四天王、テレビ・ラジオの人気者の台頭、さらにその下に多数の若手が控えて……といった形で、東京よりやや遅れて昭和40年代、上方落語界も一つの黄金期を迎えたといえよう。

平成への流れ

　ホール落語隆盛の一方、従来の寄席（定席）は苦闘を余儀なくされた。昭和29年（1954）には明治初期以来の伝統を持つ人形町末広が閉場し、残る寄席の数は4軒となった。また黄金期の裏で明治・大正の香りを残した名手たちが次々と他界し、昭和40年代の東京落語界は世代交代を迎えていた。そして世代交代がほぼ終わった53年、六代目三遊亭圓生が先頭になり、落語三遊協会の発足が宣言される。直接の原因は当時会長だった五代目柳家小さんと前会長の圓生との真打昇進問題に関する意見の対立だが、その背景には増えた落語家に対する定席数の少なさがあった。その後曲折を経て三遊協会は頓挫し、一番弟子の五代目三遊亭圓楽一門が独立して大日本落語すみれ会（現在の圓楽一門会）を結成する。また58年には七代目立川談志（たてかわだんし）がやはり真打昇進問題から落語協会を脱退、立川流（落語立川流）を創設。東京の落語界は四派分立となる。

　こうした動きの背景には、落語以外の「お笑い」の変化発展がある。昭和50年以降になると、漫才をはじめとする落語以外のお笑い芸人がテレビの主流となり、落語家が主に出演する全国ネットのバラエティー番組は『笑点』以外姿を消す。かつては「お笑い」の主流であった落語は、様々な「お笑い」の一部門になっていく。49年の段階で作家の都筑道夫は「歌舞伎とおなじように、古典落語が閉ざされたジャンルとしてしか、残りえないことは確かだろう。しかし、だから滅びるということにはならない」と述べ「この時代を越えた普遍性を持つユニークな話芸は、生命を持ち続けるに違いない」（『私の落語今昔譚』『目と耳と舌の冒険』）と展望した。この展望にほぼ沿った形で落語界は平成を迎えることになる。平成の落語界については、本書巻末の「結び」を参照されたいが、刊行の計画時に物故している落語家を中心に収録した。

　今日、落語家はお笑い芸人というよりは、伝承芸能の担い手と認識されることが多い。本書を含む「昭和の名人」シリーズが他に能楽、歌舞伎、文楽といったジャンルを取り上げているのもその表れといえよう。

江戸（東京）の落語界

諸派乱立から二大協会へ

関東大震災で大きな打撃を受けた寄席が数を減らし、映画に代表される新興の娯楽が興隆していく中、戦前の東京落語界は諸派乱立の状況を見せていた。「東京落語協会」と「東京落語睦会」の二大会派から「落語革新派」「研成会」「日本演芸協会」などの会派が独立、離合集散を繰り返した。その中から当時人気抜群だった柳家金語楼と六代目春風亭柳橋を中心とした「日本芸術協会」が立ち上げられ、折からの新作ブームに乗って勢力を拡大していくことになる。

それまで第二の会派であった東京落語睦会は勢力を失い、昭和12年（1937）に解散。以後東京の落語界は東京落語協会と日本芸術協会の二大会派の体制に移行していく。この二会派体制は戦後の落語協会、落語芸術協会に引き継がれていくこととなった。

五代目 三遊亭圓生

【さんゆうてい・えんしょう】
明治17年（1884）10月・生（日未詳）
昭和15年（1940）1月23日・歿

動乱の昭和落語界にあって三遊派の宗家名である圓生の名跡を襲名し、落語界一方の雄となった存在である。本名は村田源治。父親は大工から下総（現千葉県）の梅屋という宿屋の娘婿になったが、米相場に失敗して失踪、妻子は置き去りになったという。親戚の厄介になっていたが、14歳の時日本橋の足袋屋に奉公した。年季をあと1年残した19歳の時に飛び出して剣術家日比野雷風の弟子となった。その後剣舞で地方を回るなどの経験を経て明治38年（1905）、四代目橘家圓蔵に入門する。師匠の圓蔵は同年に落語研究会が創立された際には並み居る先輩を飛び越してその会員に発起人として加わった俊秀で、能弁で知られた。特に滑稽噺を得意とした落語家で、大正期には大看板で三遊派を代表する存在となっていた。その住居から俗に「品川の圓蔵」で通った存在である。

この圓蔵門下で前座名二三蔵から明治42年に小圓蔵の名で二ツ目に昇進する。この二ツ目時代に頭角を現し、初代三遊亭圓遊門下の遊福（立川ぜん馬）、初代三遊亭圓右門下の右左喜（古今亭志ん上）と並んで若手三羽烏と称された。45年に三遊亭圓窓と改名、真打に昇進する。遊福、右左喜の二人が後年はふるわなかったのに対し、順調に大看板への道を歩んだ。師匠の歿後間もない大正11年（1922）2月、五代目圓蔵を襲名、関東大震災後の同14年1月に五代目圓生を襲名した。落語協会から睦会へ、また初代柳家三語楼の設立した落語協会へと混乱期の落語界を象徴するように所属を代えたが、昭和9年（1934）8月に東京落語協会に加入。以後歿するまで重鎮として活躍、会長もつとめた。

肥満体の体つきで（小圓蔵時代から太り始めたといわれる）、「デブの圓生」と言われた。その体躯の故もあってか、豪放な芸風との評判が高い。その一方で緻密さと色気のある面も評価され、巨漢でありながら女性の出る演目ではその体が娘そのものに見えたという逸話が残っている。得意ネタとしては「首提灯」「らくだ」「二番煎じ」などの滑稽ものから、人情噺がかった「因果塚」「文七元結」「夢金」、長編人情噺に由来する「双蝶々」、上方落語から移入した「三十石」「胴乱の幸助」など芸域は広かった。六代目圓生が義理の息子（再婚した妻の連れ子）であることはよく知られているが、その六代目が圓生を襲名する際「親父も、やはり圓生の代々で恥ずかしいという芸人ではなかった」と襲名を躊躇したことを語っている。一方で実弟の村田仙司も落語家となり、二三蔵、圓弥、圓窓、圓左などの改名を経て昭和26年頃から再び三遊亭圓窓に戻り、同37年に74歳で歿している。一方六代目の胤違い（たね）の弟柴田啓三郎も落語家となったが昭和8年、29歳の若さで夭逝している。

圓窓時代には『円窓落語全集』（大正7年）、圓蔵時代には『圓蔵落語集』（大正14年）と単行本になった速記集の他、講談社版の全集などに多くの速記を残しており、混乱期の落語界にあってやはり昭和の名人としてふさわしい活躍をした一人であった。

（今岡謙太郎）

八代目 桂文治

【かつら・ぶんじ】
明治16年（1883）1月21日・生
昭和30年（1955）5月20日・歿

桂文治という名は、上方落語のいわば家元といってよい名跡である。初代は江戸の三笑亭可楽と相前後して落語家の道を切り開いた存在で、数々の門弟を育成して上方落語を隆盛に導いた。この名跡が東西に分かれたのは三代目文治からで、江戸三代目の文治は初め翁屋さん馬（二代目三笑亭可楽）門人でさん遊、房馬を経て上方で扇松（亭号未詳、寿遊亭か）門人となって扇勇を名乗る。この扇松は江戸出身で初代扇橋門人だったが上方に居つき初代文治の娘婿となっていた。その扇松歿後、初代文治の娘幸に入夫して三代目文治の名跡を継いだ。この三代目が文政10年（1827）頃に江戸へ戻って桂の一派を江戸に広め、文治の名跡は東西に分かれることとなった。

その後江戸では三代目の養子が四代目となり、その門弟による五代目襲名を挟んで四代目の長男が六代目文治を襲名した。この六代目は三遊亭圓朝（えんちょう）と同世代で、圓朝に拮抗する一方の旗頭となった存在であった。本項の八代目文治はこの六代目の養子（後妻の連れ子、本名は山路梅吉）である。

八代目文治も、名跡に関するこうした経緯をよく知っていたのであろう。色紙には「八世　家元」とサインしたと伝えられる。初め義太夫語りで竹本識太夫（しきたゆう）の弟子で識故（しきこ）太夫となったが、明治31年（1898）に落語家に転じ六代目翁屋さん馬門弟でさん勝となった。その後、養父の門人となる。そして同39年から大阪に修業に行き三代目桂文枝（ぶんし）門下で慶枝（けいし）、文枝の死に伴って圓朝の直弟子で上方に移り住んでいた二代目三遊亭圓馬（えんば）門人となって小圓馬を名乗った。帰京後、大正2年（1913）に七代目翁屋さん馬を襲名したのち、同11年10月上席から八代目文治となった。

面長で色黒であったところから、四代目柳家小さんがつけた仇名（あだな）が「茄子」「写真の原板」、根岸に住んでいたところから「根岸の師匠」、桂派の宗家ともいえる名跡から「家元」、昭和22年（1947）から落語協会会長であったところから「会長」と通称された。

淡々と噺を進めるというよりはメリハリ強く、突っ込んで演じるタイプで、特に晩年を知る人々はその芸風を一様に臭い、あくどいと評している。特にサゲの部分を強調し、地に帰って演じるやり方に違和感を覚えたという。こうした評価が定着したのは文治襲名後からのようで、襲名時の高座を聞いた正岡容は「あたら大家でありながら、芸術本来の「道」を誤った惜しい人々に桂文治がある」と述べ「桂文治を襲名したとたん、救ふべからざる大邪道に堕してしまつた（中略）昨日に代る匠気、悪納り、名人意識過剰のあの喋りだしの低声、誇張しすぎた奇声、並びに落のひどいあくどさ。世が世であれば天晴れ上手でとほるものが、余りにも惜しい量見方ではあるとおもふ」（『随筆寄席風俗』）と評している。こういった見方が文治に対する代表的な見解と思われる。

しかし一方で描写の鮮やかさをはじめその実力を高く評価する向きも多く、五代目柳家小さんは初代柳家三語楼、五代目三遊亭圓生、四代目柳家小さんと並べて八代目文治を昭和の名人と評している（川戸貞吉『現代落語家論』）。正岡の弟子だった時期のある作家の都筑道夫は、

> いやみで悪どいはなし家という定評が残ってしまって、いま復刻されているレコードにも、そうした悪い面が出ているものが、確かにある。けれど、いつも、うまがった小声でぼそぼそ喋って、突如、奇声を発していたわけではない。私の経験では、

そうでないときが多かったのだから、否定されっぱなしは不当だろう。記憶にある「義太夫息子」なんぞ、息子、父親、九州弁の巡査を生き生きと動かして、描写力も演技力も、現在の三遊亭圓生（六代目）より上だったと思う。

（「私の落語今昔譚」『目と耳と舌の冒険』）

と評価している。また最後の音曲師といわれた春風亭枝雀は「尊敬していたのは根岸の文治（八代）でした。派が違いますし、別に稽古をしてもらったこともありませんが、いい芸だなァと思っていました」との証言を残している（「音曲師・春風亭枝雀」『芸双書1 色物の世界』）。

持ちネタの数は多く、「猫忠（猫の忠信）」「五人廻し」「中村仲蔵」「三軒長屋」「文違い」など多くの演者が手掛ける演目、「夜桜（親子茶屋）」「清正公酒屋」「小烏丸」など今は演じ手の少なくなった演目、「祇園祭」「義太夫息子」など各地の言葉の使い分けが必要な演目、また「追い炊き（繋馬雪の陣立）」などの芝居噺とその内容も多岐にわたる。義父六代目文治譲りの正本芝居噺も手掛けており、西南戦争を扱った「辺見十郎太」や「井伊大老の桜田門」といった演目が知られている。八代目林家正蔵によれば、彼の演じた正本芝居噺は圓朝系のものとは違い張物の書割ではなく布に背景を描いた道具を使ったという（『正蔵一代』）。

総体としては、修業時に身につけた明治期の演じ方を晩年に至るまでそのままで押し通した落語家といえよう。五代目小さんによれば、その古風な演じ方について「俺は、わざと古い型で演ツてるんだから」「こういう型があるてえことを誰かが演ッてなけりゃァ、その型が滅びちゃうだろ、だから俺がそれを演ってるんだ」(『新現代落語家論』)と語っていたという。その意味で、やはり昭和前期を代表する落語家の一人ということができる。

(今岡謙太郎)

四代目 柳家小さん

【やなぎや・こさん】
明治21年（1888）4月18日・生
昭和22年（1947）9月30日・歿

明治21年（1888）東京・麹町で生まれる。本名は大野菊松。大野家は江戸時代から続く宮内省御用達の大きな畳屋であった。父親の大野市兵衛は講釈好きで講釈場に通い素人ながら近所の人を自宅に集めては講釈を読むほどだった。菊松も幼少の頃から母親に連れられて寄席（よせ）に行っていたようだ。小学校を優秀な成績で卒業し暁星中学校に合格したものの、病のために進学を断念する。姉が富士見町で商いをしていたことから、そこへ住むようになった。姉の家の前に三代目柳家小さんの家があったことから、小さん一門とは親しい近所付き合いをしていたようだ。このような環境で育っていたので菊松は寄席に通い、聞き覚えた落語（「天災」や「大工調べ」など）を家人に向かい披露していたところ、三代目小さんの娘婿であった二代目柳家つばめ（当時は四代目柳家小三治）から落語家になることを勧められたために、同39年8月、18歳で三代目柳家小さんに弟子入りをすることとなる。前座名は柳家小菊。翌月9月に神田の立花亭にて落語家としての初高座をつとめる。この頃、小三治に連れていかれ入船米蔵と出会う。米蔵は噺をたくさん持っていたので米蔵のところに大勢の落語家が集まっていた。小菊も米蔵から「寿限無」をはじめ、前座噺などを二十席ほど教わったという。

明治41年、三代目柳家小きんとして二ツ目に昇進する。師匠の三代目小さんも発起人の一人である「第一次落語研究会」に若手枠として出演するようになる。当時「第一次落語研究会」は落語界において、「由緒正しい落語の藝を大事に育てようぢゃアないかといふ立派な趣旨」（『小さん聞書』『落語鑑賞』）を提示していた。そのような趣旨を持つ「第一次落語研究会」の顧問の一人であった速記者の今村次郎の自宅で若手の勉強会「胆力養成会」が毎月一回開かれることとなった。その「胆力養成会」のメンバーに小きんは選ばれる。劇評家の岡鬼太郎をはじめ初代柳家小せんや二代目柳家つばめなどに批評され続けることで、小きんは実力をつけていく。

大正2年（1913）、木遣講の頭であった平山鉄五郎の長女はなと結婚し、婿に入り、本名が平山菊松に。そして同年4月に柳家小三治を五代目として襲名する。

安藤鶴夫の『落語鑑賞』に収められている「小さん聞書」によれば、小きんは五代目小三治を襲名すると同時に「真打披露」をしたと記されているが、保田武宏は「小三治という名は真打名前だが、どういうわけかこの時は真打に昇進できず、二ツ目のまま小三治を継いで、大正五年二月小三治のまま真打に昇進した」(『名人名演落語全集』)としている。

その後四代目蝶花楼馬楽を襲名。そして昭和3年(1928)4月、師匠である三代目柳家小さんが引退するということで小さんという名前を譲り受け、馬楽はついに四代目柳家小さんを襲名した。また同年3月には関東大震災で途絶えてしまっていた「落語研究会」を復活させるべく、発起人の一人として「第二次落語研究会」を立ち上げている。「第二次落語研究会」において、6年11月10日に久保田万太郎の企画により立花亭にて行われた小さんの「湯屋番」が東京中央放送局で中継されたという。この記述は「小さん聞書」に「これ寄席中継放送の濫觴なり」と記されている。

昭和9年には落語協会を脱退し東宝名人会に所属したものの、戦後に落語協会に復帰、同21年には落語協会の会長になった。

しかし昭和22年9月30日、鈴本演芸場にて新作落語「鬼娘」を終え、楽屋に戻ったところで急逝してしまう。59歳であった。奇しくもこの日は弟子の九代目柳家小三治の真打披露興行の最終日であった。九代目柳家小三治は師匠の四代目小さん死後、八代目桂文楽門下になり、同25年には柳家小さんを五代目として襲名することとなる。

■

四代目小さんは、落語図書館か落語文庫をつくろうと落語に関する書物や資料を集めていたが、これらの資料は戦災で焼失してしまう。しかし「稽古台となる故実を教える人が皆無で、落語の本態を知らなくなっていて面白さを失っており、噺家もたいへん損をしている」と落語の将来を案じていたので「落語総論」の執筆にとりかかる。昭和22年に急逝してしまったために「落語総論」は完成することはなかったが、書き遺された原稿は「四代目柳家小さん遺稿」として青蛙房から出版された五代目小さんの速記集『柳家小さん集下巻』に収められ、現在でも読むことができる。

「四代目柳家小さん遺稿」には「曲がった心の者は落語家をやめるべきである」といった落語家としての態度、「落語は、人物の感情意思を表わさず、つまり、「おれは怒ったぞ」と言わず、「怒っていやあしない」と言いながら、内心怒っているさまを表現する」といった落語の演出方法、落語の構造・オチの分析やクスグリの入れ方などの分析、「落語家上達の早道」などが記されている。

「遺稿」や『落語鑑賞』に収められた「小さん聞書」には「どんな古い江戸の噺をやるにしても、マクラには現代を反映した小噺なり、警句なりが用意されてゐなくてはいけないと思ふ」と記している。また「近頃の落語が、よく、漫才みてえぢやアねえかといはれるのは、言葉のをかしみや面白さばかりで笑はせようとかかるためなので、つまり今様でいふギャグ、警句ですかね、さういふギャグだけに頼つて笑はせるから、漫才と落語が、一方は二人出てきてやるのと、一方は一人が喋るといつただけの違いになつて、さういう悪口も出てくるわけなので、落語はギャグで笑はせるのではなく、藝で笑はせるものでなくつちやいけません」と記しているように、漫才と落語の差異をしめしながら、落語を規定しようと試みている。いま現在でも議論されている落語の問題点について小さんは指摘をしていて、小さんの落語の分析力に驚かされる。

また「遺稿」には「噺家の教育法」の一例として、初代談洲楼燕枝(だんしゅうろうえんし)や三代目柳家小さんも奨励していたという俳句づくりを提案している。四代目小さん自身も俳句づくりが趣味であり、サインを頼まれれば「柳かな風の吹くまま吹かぬまま」と得意の句を書いていた。

小さんの人柄について五代目小さんは「人格者ではあったが、無愛想なところもあったんで、反面では、損もしてますね。客と会っても横を向いて素通りしたりなんかして」（『柳家小さん集』）と振り返っている。普段から無口だったようで、五代目小さんが若手の頃に、四代目の家に行ってもお互い一日中黙っていて、口を利かずに帰ってきたというエピソードが残っているほどだ。

■

「かぼちゃ屋」「長屋の花見」「芋俵」「二人旅」「ろくろ首」「猫の災難」といった滑稽噺を得意にしていた。特に代表的な持ちネタである「かぼちゃ屋」は、小さんが上方の「みかん屋」を東京に持ってきて改作したもので、小さんがつくったクスグリがふんだんに入っている。「ライスカレーはしゃじで食わあ」や「どうもかぼちゃのお蔭で暑いや。こうもりさしてくりゃよかった」などがある。また「長屋の花見」でも「酒が三升ありゃァ上野の山どころかカムチャッカでもなんでも……」といったクスグリをつくって入れ込んだり、「黄金の大黒」から店賃の催促のシーンを取り入れたりと工夫を施すことで十八番にした。

久保田万太郎は四代目小さんの芸について以下のように述べている。「小きん時分には、さういつても、はえない、寂しい存在だつた。小三治になつても、うまいがしかし陰気だ、矢つ張さういいはれつづけた。馬楽になるに及んで、老成しすぎた感じだ、本筋だがいかにもパッとしない。……さうした評価がわけもなくこの人を固定させた。……が、久しぶりで聞いてわたしは安心した。決してそんなことはなかつた。寂しいの、陰気の、老成しすぎたの、パッとしないの、さうしたことにかけかまひなく、さうした従来の批難をしづかに、平気にふみこえて、いつかこの人、行きつくところまで行きついた」「それだけこの人、いままででも正統的だつたのである」（「小さんとの対談」『水の匂い』）

淡々と演じる芸風だったようで、例えば四代目小さんが人形町末広で演じた「芋俵」について五代目小さんは以下のように回想している。

　師匠が、「気の早いお芋だ」そのまますッとおりてきたんです。客はきょとッとしたような顔をして、一つも手が鳴らない。で、楽屋で白足袋を穿き替えているころに、客席が、じわじわじわじわ笑ってくるんです」「わァッと笑って、ぱァッと手の鳴るのも結構だけども、こういう味の、後でも笑えるもんでないと本当の落語じゃないね」「四代目は、声色も変えず一本調子でいて、そういうおかしみがあって、しかも、そこになんかお土産があったんです」（『柳家小さん集』）

四代目小さんの滑稽噺は五代目小さんへと継承され、今現在も寄席や落語会で聴くことができる。しかし継承されたといっても、五代目小さんは四代目小さんと直接差し向かいで稽古をしたことはほとんどなかったようだ。四代目から直接教わった噺は「粗忽長屋」と「お化け長屋」だけ。しかも噺を教わる時に「こうこうこういう筋で、ここがいちばん肝腎で、ここはこういう気分でしゃべらなくちゃァいけないッて……いろいろそういう注意をしてくれただけで、あとは自分で肉をつけろ」（『柳家小さん集』）といったものであったという。

その一方で「曲がった心の者は落語家をやめるべきである」という落語家観や、「狸の噺を演るときは、狸の気分になれ」といった教えは四代目から五代目へと引き継がれていった。四代目小さんの精神は現代の落語界まで継承され、その精神は柳家の伝統となっているのだ。

（重藤　暁）

戦後落語界の大看板、ホール落語の時代

戦後東京の落語界は戦前から評価の高かった八代目桂文楽・五代目古今亭志ん生の二人を軸として、放送で絶大な人気を誇った三代目三遊亭金馬、六代目春風亭柳橋といった人々に加え六代目三遊亭圓生、八代目林家正蔵たちがその実力を発揮し、やや後輩にあたる三代目桂三木助、五代目柳家小さんといった面々がそれぞれの個性を発揮して一つの黄金期を形成した。

また一方、主に昭和30年代から寄席よりも大きい規模のホールや劇場で行われる「ホール落語」が盛んに開催され、高い評価を得るようになってくる。それに伴い、定席での活躍に加えてこうした落語会での実績がいわゆる「名人」の尺度として認識されるようになっていく。

戦前・戦中とはまた別の意味で落語は社会に開かれた存在となっていったのである。

八代目 桂文楽

【かつら・ぶんらく】
明治25年（1892）11月3日・生
昭和46年（1971）12月12日・歿

明治25年（1892）、青森県五所川原町（現五所川原市）で、かつて一ツ橋藩の士族であり五所川原町で税務署長を勤めていた父・並河益功と母・いくの次男・益義として生まれる。同27年に父親の転任で東京下谷根岸に移る。益功は謡を、いくは琴や三味線など芸事を嗜むような家庭で育ち裕福な生活をしていたが、父親が台湾へ単身赴任した際マラリアで亡くなったことから生活は一変する。尋常小学校を三年で中退し、横浜の薄荷問屋に奉公することとなった。奉公先で愛想良く振舞うことから「おしゃべり小僧」というあだ名がつけられたほど可愛がられ、奉公先のおかみさんから「お前のおっかさんは、どうしてはなしかにしなかったんだろう」（『あばらかべっそん』）と言われたほどであったという。15

歳で横浜の薄荷問屋を飛び出してしまい、日本橋の袋物屋に奉公する。しかし奉公の合間に浅草の明治館で行われていたかっぽれや太神楽にうつつをぬかしていたために、しっかりと奉公が続けられずに転々とすることになる。もともと落語家になるつもりはなく「役者になろうと思ったことがそもそもぐれはじまりなんです」（『落語芸談』）と言っているように新派に憧れていたようだ。

16歳で本郷の若竹で四代目橘家圓喬（たちばなやえんきょう）（慶応元年・1865―大正元年・1912）の「牡丹灯籠」を聴いた時「人物や景色が手にとるように目に見えるのです」（『あばらかべっそん』）と衝撃をうけ、芸事にのめり込むこととなっていく。奉公に身が入らなくなり横浜へ戻り博打（ばくち）打ちの親分に世話になる。ただその家の養女と恋仲になってしまったことがばれてしまったことから横浜にいられなくなり、結果母親いくの許へ帰る。いくは三味線や鼓（つづみ）などを嗜む本多忠勝という男と再婚していた。その義父は二代目三遊亭小圓朝（こえんちょう）と懇意で、息子のことを相談したところ大阪から上京し人気を博していた初代桂小南（こなん）（明治12年・1879―昭和22年・1947）を紹介されたことから入門を果たす。前座名として桂小莚（こえん）を名乗る。明治41年、17歳のことだった。

桂小南は上方（かみがた）落語を演じるとともに、東京の寄席（よせ）では連鎖劇を落語に導入したり、体中に豆電球を仕掛け日本舞踊を踊るなどの工夫を凝らした。小南の狙いはあたり、東京の寄席で売れるようになった。

　そのような小南に弟子入りした小莛だが、入門して五日目、自身の誕生日に事件はおこる。その日、神田にあった白梅亭という寄席に前座が来なかった。しかしお客が集まってしまったことから、急遽前座として高座にあがることになった。入門して五日目なので、もちろん師匠から稽古をつけてもらったこともなかったが、本郷の若竹に四代目圓喬を聴きに行った時に出演していた前座の「道灌」を思い出し、とっさに高座にかけた。これを楽屋で聴いていた先輩から褒められたことで、落語家として身をたてる決意をした。前座時代は横浜の薄荷問屋で奉公していた時と同様に可愛がられた。

　小南が上方落語の演じ手だったこともあり、立花家左近（七代目朝寝房むらく→三代目三遊亭圓馬、明治15年・1882—昭和20年・1945）のもとへ稽古にいくよう言われる。左近から初めて教わったネタは入門五日目にとっさに演じてみせた「道灌」。左近の稽古は厳しいものだった。例えば小莛の発声を「お前の声は、川向こうでしゃべっている声だ。なぜそんな声をだすんだ」と叱責、左近は半紙にそのシーンを描き、小莛に適切な声の大きさを教えた。「牛ほめ」の稽古では、小莛が発声してしまう「えー」という癖をなくすために、

「えー」があらわれるたびに左近はガラスのおはじきを小莚に投げつけた。おはじきが投げつけられなくなるまで稽古は続き、これによって「えー」と発してしまう癖がなくなった。このおはじきによる稽古は、のちに文楽の無駄な言葉を削り一言一句完璧に仕上げるという態度に繋がったものとして有名なエピソードだ。羊羹を食べる仕草、豆の食べ分けまで事細かに教わり、できないとなると左近はものさしで小莚の手の甲を叩き、小莚の手の甲は紫色に腫れあがったほどだ。

明治43年、両国の立花家で「代脈」をやり楽屋に戻ると、聴いていたむらくから「もう稽古に来るな」と強く叱責される。翌朝詫びにいくと、昨日の「代脈」への指導があり、さんざん小言を言われた後に「オイ！　小莚、お前、では来月から二ツ目にしてやるぞ」と言われる。これは小莚の将来を案じてのことだった。三年から五年で二ツ目になるというのが通例だった時代に、入門してから二年で二ツ目となる。しかし二年で二ツ目になったことを文楽は後に「あんまり早くなりますと、それほどの素質がかりにあっても、修業を積んでないんですから。それをあたくしはあとで考えてみて非常に迷惑だった」（『落語芸談』）と振り返っている。この頃の指導もあり「私も小さいときからの圓馬師崇拝で」（『あばらかべっそん』）と述べているようにむらくを生涯「芸の師匠」としている。

翌年、小南が三遊分派という新しい落語家のグループをつくったが失敗、東京を去り大阪に帰ることとなる。師匠を失った小莚は講談師の小金井芦洲の一座に加わり静岡で過ごし、ある時は名古屋で出会った三遊亭圓都の一座に加わり小圓都という名前で旅回りをする。旅回りでは、金沢のある席亭（寄席の主人）から「むらくにけいこしてもろうているなら、「素人鰻」をおそわっておけよ」とアドバイスをもらうなど充実した出会いもあった。その後に京都から大阪、神戸などを回り、大連から遼陽まで満州を回る。

大正5年、東京に戻り、当時大阪から戻って寄席を沸かせていた七代目翁家さん馬（八代目桂文治）の弟子となり、翁家さん生の名前で東京の寄席に復帰する。さん馬門下になることは友人の紹介によるものだった。ただ後に「あたくしのほうで嫌いになった」（『落語芸談』）というようにさん馬のことをあまり快く思っていなかったようだ。

当時の演芸界は揉めていた。これまで三遊派と柳派に別れていたが大正6年に大合併し、東京寄席演芸会社が設立されることとなる。演芸界は一丸となったように見えたが、数日後に五代目柳亭左楽（明治5年・１８７２—昭和28年・１９５３）が演芸会社を脱退、新団体「落語睦会」を立ち上げ派閥闘争が続くこととなる。もちろん東京に復帰したさん生も、この騒動に巻き込まれることとなる。さん馬から真打になるよう勧められたが、さん馬のことを快く思っていなかったこともあり、脱退騒動をきっかけにさん馬と決別。新団体「落語睦会」を立ち上げた首領である左楽を頼る。その後左楽を「人生の師匠」と仰ぐこととなる。

大正6年9月25歳で「翁家馬之助」の名前を襲名、真打昇進を果たす。落語睦会の首領・左楽は真打昇進の「口上」にて馬之助を引き立て客席を泣かせたという逸話が残っている。しかし左楽が一人の若手真打を引き立てたのにはわけがある。当時の落語界の実力者は睦会と対立していた東京寄席会社に所属していたため、落語睦会は新たなスターを求めていた。そこで馬之助を落語界の新たなスターとして売り出したかったのだ。

馬之助はこの左楽からの期待に応え、桂小文治（149頁）・三代目春風亭柳好（98頁）・六代目春風亭柳橋（56頁）とともに「睦の若手四天王」と呼ばれる。ちょうどこの頃、大阪に移った三代目三遊亭圓馬の元へ稽古に出向き「素人鰻」を習う。「素人鰻」は小圓都を名乗り旅回りをしていた時期、金沢のある席亭からアドバイスされた噺だ。

五代目左楽は五代目文楽から文楽の名前を取り上げ、「八代目じゃないんだけれども、「八」は開くと言ってゲンいいから」（『落語芸談』）という理由で馬之助に「八代目桂文楽」を襲名させた。左楽の強権によって大正9年5月6日、「八代目桂文楽」は誕生した。文楽襲名にはこのような経緯があったものの、文楽は大変な人気を博す。「大正十一年の秋の頃」という時代に「忙しそうに自動車に乗ろうとしている」（徳川夢声『いろは交遊録』）という記録があるように、大変に売れていた。昭和3年（1928）「第二次落語研究会」の発起人の一人となる。

しかし同時期、落語睦会は困窮していた。睦の若手四天王であった柳橋・小文治・柳好が相次いで脱退。睦会の首領で師匠の左楽から「お前はもう向うの会（落語協会）へ行け。俺もどこかへ行くようにするから」と言われたことで、昭和13年、落語協会に所属する。

文楽は「戦時中はイヤでしたネ」（『あばらかべっそん』）と回想している。戦時下のラジオ放送で「富久」をやる予定であったが統制を受けてしまい、急遽「松山鏡」の収録となった。いよいよ昭和20年、終戦を迎える。文楽は「第三次落語研究会」「第四次落語研究会」の発起人の一人となり、同28年には五代目古今亭志ん生、六代目三遊亭圓生、五代目柳家小さん、昔々亭桃太郎（明治43年・1910—昭和45年・1970）とともにラジオ東京と専属契約を結ぶ。翌年崇拝していた三代目圓馬から継承した「素人鰻」が評価をうけ、落語家初の芸術祭賞受賞者となる。30年には落語協会の会長に就任。芸の実力が認められ、そして政治力は絶大なものとなった。その後39年には落語家としてはじめて紫綬褒章を、その後41年には勲四等瑞宝章を受章。しかし一方で入れ歯にしたことにより声が擦れ、全盛期の芸から離れたものとなっていく。46年8月31日国立小劇場で行われた「第五次落語研究会」にて「大仏餅」の登場人物の神谷幸右衛門という名前が出ず絶句してしまい「勉強し直して参ります」という言葉を残し高座から降りる。この後、高座に復帰することなく、12月12日に亡くなる。

■

出囃子の「野崎」で高座にあらわれる文楽を京須偕充は「それはまさしく神に仕えて儀式を執り行う司祭の歩みであった。並いる語り部の長者をもって任ずる人物のおごそかな出現である。これほど美しく様式的に、しかも余韻ならぬ予韻を伴って現れたはなし家は、その当時にあっても八代目桂文楽ただ一人であった」(『らくごコスモス』)と評している。座布団に座れば「毎回のお運びでございまして有り難く御礼を申し上げます。間に挟まりまして相変わらずお馴染みのお笑いを申し上げます」と常套句を唱え、落語がはじまる。

崇拝していた圓馬から受けたおはじきの指導があったように「えー」といった言い淀みは極端に少ない。観客は文楽が描き続ける一言一句練り上げられた落語の空間を食らいつくように聴いている。「文楽は楽屋で自己暗示をかけて高座にあがる。だから、高座では噺が高潮してしまうと、感情をコントロールできなくなり、ほんとうに涙を流してしまう。とても高座では自己を客観視することなど文楽にとって不可能に近い」「文楽が気持よくその空間に浸ることで、はじめて噺の確かな手ごたえが得られるのではなろうか」（『桂文楽の世界』）。

文楽は落語を四百字詰原稿用紙にテキスト化し、落語を推敲し時間をかけて練り上げていったことで有名だ。「愛宕山（あたごやま）」では実際に土器（かわらけ）投げを体験することで落語の情景の構築を行った。

第二次落語研究会では圓馬から継承した「富久（とみきゅう）」を予告していたが、自身が納得できる口演ができないからという理由で他の演目を演じたり最終的に仮病で休演してしまったことから、安藤鶴夫に今月も「富休」と評されてしまったエピソードは文楽がひとつひとつの噺を納得するまで練り続けるという態度を端的にあらわしている。また、「長生きも芸の内」という吉井勇の名言を口ぐせにしていた文楽は、健康には人一倍気をつかい、絶えず落語の空間を描き続けられるよう努めていたことがわかる。

引退のきっかけとなった「大仏餅」での絶句の後に発した「勉強し直して参ります」さえ稽古をしていたのではないかと言われているように文楽は完璧主義であったのだ。

文楽の代表ネタは「富久」「愛宕山」「明烏」「寝床」「鰻の幇間」「心眼」「按摩の炬燵」など。特に「明烏」で甘納豆を食べるシーンを観客が見てしまうと、その後の休憩時間で寄席の売店の甘納豆が売り切れるといったエピソードや、文楽に遠慮して同世代の噺家は「明烏」を演じなかったというエピソードがある。黒門町に住んでいたことから客席から「黒門町！」と声がかかった。現在の落語協会の事務局の斜め前が文楽が住んでいたところだ。弟子は、六代目三升家小勝、七代目橘家圓蔵、三代目柳家小満んなどがいる。また、五代目柳家小さんも四代目小さんが亡くなったあと、預かることとなった。

文楽の音源や映像は残されているため、いまでも文楽の練り上げられた噺にアクセスすることは容易である。また正岡容が構成した芸談『あばらかべっそん』を読めば、文楽が生きた落語界の様子を知ることができ、文楽の作品を味わう上での良き背景となる。

（重藤　暁）

五代目 古今亭志ん生

【ここんてい・しんしょう】
明治23年（1890）6月5日・生
昭和48年（1973）9月21日・歿

奇人で知られた三遊亭圓盛の天狗連（セミプロ）の門人で盛朝を名乗ったが、明治43年（1910）頃に二代目三遊亭小圓朝門下となって朝太となる。本人は四代目橘家圓喬門人を称していたが、それを裏付ける証言は得られていない。

本名、美濃部孝蔵。大正5年（1916）頃、二ツ目となって三遊亭圓菊を名乗り、金原亭馬生（四代目古今亭志ん生）門下に転じて金原亭馬太郎から金原亭武生となり、同10年9月、金原亭馬きんで真打。13年11月には古今亭志ん馬（代数不定）と改名。この頃傾倒していた講釈師、三代目小金井芦洲門人となって芦風を名乗る。ただ、全く講釈師へ転身したのではなく、席によって落語家、講釈師の使い分けを行っていた形跡がうかがえる（『志ん生の昭和』)。この後、再度志ん馬、馬きんと改名し、更に大正15年4月には古今亭馬生と名乗る。その後初代柳家三語楼門下になり昭和2年(1927)1月に柳家東三楼と改名、その後柳家ぎん馬、甚語楼、隅田川馬石、甚語楼(再度)、志ん馬(再々度)と目まぐるしく改名を繰り返す。これは借金取りから逃れるためとも、師匠三語楼との関係からともいわれている。また、この間吉原朝馬を名乗った時期もあると本人は述べているが、記録からは確認できない。

評価が高まってくるのは再度の甚語楼、再々度の志ん馬時代あたりからで、昭和9年9月には七代目金原亭馬生を正式に襲名。同14年3月には五代目志ん生を襲名する。16年初め頃から神田の立花で独演会を始め、毎回一杯の客を集めた。この時期の志ん生について五代目柳家小さんは志ん生の長男の十代目金原亭馬生に向かい「おたくのお父ッつァんは凄かッたからなあ」と語っていたという(「志ん生代々・その人と芸」『落語界』第27号)。

昭和20年初めから六代目三遊亭圓生、活弁から講釈師に転じていた国井紫香らとともに満州へ慰問に渡る。敗戦をはさんで同22年に帰国、翌日から寄席に復帰した。帰国後も尻上がりに人気を集め28年にはラジオ東京専属、翌29年にはニッポン放送の専属となる。31年には「お直し」で芸術祭賞を受賞するなど人気は最高潮に達した。32年には落語協会会長に就任。盟友ともいえる八代目桂文楽の後を受けての会長就任であった。36年に脳溢血で倒れ、その後復帰を果たすものの38年には会長を辞任。39年に紫綬褒章受章、42年に勲四等瑞宝章受章。この頃から高座（こうざ）には出なくなり、48年、自宅で逝去した。

■

貧乏と酒にまつわるエピソードは枚挙に暇がなく、自伝『なめくじ艦隊』『びんぼう自慢』をはじめ、歿後も結城昌治『志ん生一代』、矢野誠一『志ん生のいる風景』など数多くの書物で言及されている。志ん生のどん底時代に親交のあった劇作家の宇野信夫は「貧乏で辛いなァと思わずにそれを第三者となって味わっちゃう、これが偉いと思うね」（座談会「志ん生のひらめき人生」『別冊落語界　昭和の名人』）と語っているが、その貧乏の大きな原因が酒であった。宇野はまた、この時代に志ん生の贔屓だった旦那が祝儀に現金ではなく電車の回数券を渡していたことを伝え「なにしろ当人に金を持たせると、みんな飲んじゃうんですから。金は駄目なんですね」と語っている（同「若き日の志ん生とその貧しい仲間」）。こうした酒好きぶりを端的に伝えているのが関東大震災の時のエピソードであろう。自伝『びんぼう自慢』をはじめいくつかの書物で紹介されているが、初めにグラリと来た際に真っ先に頭に浮かんだのが「東京中から酒がなくなってしまう」との思いで、そのまま酒屋に駆けつけて飲めるだけ飲んだうえ、地震で商売どころではない酒屋の店先から持てるだけ酒を持って帰ってきたという。

その一方で芸にかける熱意は人一倍強く、宇野はまた「僕が志ん生を偉いと思うのは、たとえその日ぐらしの生活をしていても噺のことしか頭になかったことだね。常住、商売を忘れなかった。人の悪口をいうんでも落語のことを離れなかった」（前掲「志ん生のひらめき人生」）とも述べている。

圓朝の直弟子である二代目小圓朝門人として修業を積み、一方で圓朝を凌ぐ名人と称された四代目圓喬に心酔したためもあり、若年時はむしろ陰気で、笑いの少ない人情噺系の演目をよく演じていたという。一世代上の先輩である四代目柳家小さんは十代目馬生に「甚語楼時代が一番うまかった。あたしの聴いた中では、最高にうまい人だと思う」と語り、川柳家の坊野寿山は「三十五、六ン時が一番うまかったんだよ。あんまりうまいンで、爪はじきされて寄席へでられなかったんだ」と語ったという（「父・志ん生の人と芸」『別冊落語界』）。正岡容（いるる）はやはりこの時期の志ん生について『随筆寄席囃子』で「陰気でひねこびていた」と評している。

腕はあるが陰気だった芸風が一変したのは、初代三語楼の影響と考えられる。引き続い

て『随筆寄席囃子』から引用しておく。正岡は八代目桂文楽とこの志ん生を「当代の二大高峰」と位置付けた上で

事変三、四年前、初めて三語楼という陽花植物を己の芸の花園に移し植えるに及んで、めきめきとこの人の本然の持ち味は開花した。更に先代円右の軽さが巧い具合に流れ込み、溶けて入ったことによって、ついに志ん生芸術の開花は結実にまで躍進した。

と述べている。

志ん生の芸風を評するに、破調、天衣無縫、八方破れといった言葉がよく用いられる。並び称された桂文楽が演目の数を絞り、その一つ一つを練り上げて演じたのとは対照的であった。演目への取り組み方について、作家の都筑道夫は「私の専門の推理小説でいえば、文楽はエラリイ・クイーン氏のごとく、対象の落語を分析しながら近づいていって、再構成して完全に入りこむが、志ん生はブラウン神父のように、対象の落語を引きよせて、いつの間にか一体化してしまうのだ」と評している（「私の落語今昔譚」『目と耳と舌の冒険』）。

手掛けた演目の数は非常に多く、持ちネタの数からいえばやはり多数の演目を評価された六代目圓生を凌駕するといえよう。ニッポン放送専属だったためもあり、数多くの録音

が残されているが、演目により、また同じ演目であっても収録に際しての出来不出来の差が激しいところに、やはり文楽との違いがはっきりあらわれている。昭和49年11月『落語界』所収の「古今亭志ん生演目一覧」は長男であった十代目馬生が「演目心覚え」として手控えていたものを参考にしてまとめられたものだが、ここには得意演目として知られた「火焔太鼓（かえんだいこ）」「黄金餅」「お直し」をはじめとして、長編人情噺の「切られ与三郎」、圓朝物の「塩原多助」「安中草三」、明治の新作である「探偵うどん」「五銭の遊び」など232の演目が列挙されている。これらの多くがCD化されている他、飯島友治編『古典落語 志ん生集』、『志ん生長屋ばなし』『志ん生江戸ばなし』『志ん生滑稽ばなし』『志ん生廓ばなし』、『五代目古今亭志ん生全集』全八巻に収められている。

門下には長男の十代目金原亭馬生、次男の古今亭志ん朝をはじめ三語楼門下で兄弟弟子だった先代古今亭志ん好、古今亭甚語楼がおり、直弟子としては先代金原亭馬の助、八代目古今亭志ん馬、二代目古今亭圓菊などを育てた。

（今岡謙太郎）

三代目 三遊亭金馬
六代目 春風亭柳橋

それまで主に都市部での公演でしか触れることのできなかった落語は、昭和初年にいたって速記本の普及、ラジオ放送、レコードといった新しいメディアの発展によって全国的な娯楽として受け入れられるようになる。これらのメディアへの登場頻度、それに伴う全国的な認知度という面において突出していたのが、三代目三遊亭金馬、六代目春風亭柳橋の二人であった。この二人は「寄席における演芸」から「全国的な娯楽」へと移り変わってゆく落語という芸能を象徴する存在であったといえよう。

三代目 三遊亭金馬

【さんゆうてい・きんば】
明治27年（1894）10月25日・生
昭和39年（1964）11月8日・歿

東京本所双葉町（現墨田区）の生まれで、生家は洋傘屋であった。本名は加藤専太郎。尋常小学校を卒業し、経師屋の伯父宅へ奉公に出た後、講釈師揚名舎桃李の門下となり、翌年初代三遊亭圓歌に入門して本名から三遊亭歌当と名付けられる。この時は一家をあげて反対され、真打になるまで勘当と言い渡される。師匠圓歌は多忙で稽古をしてもらえず、当時三遊派の稽古台となっていた三遊亭圓条のもとへ稽古に通う。二代目三遊亭小圓朝の北海道巡業に同行した際、客の評判もよかったところから前座ながら三ツ目の出番をもらったことがきっかけになり二ツ目となり歌笑と改名。大正5年（1916）、崇拝していた七代目朝寝坊むらく（三代目三遊亭圓馬）が橋本川柳と名乗って旅巡業に出た際に同行。圓歌は前座がいないから困ると断ったが、この時折よく後の二代目圓歌が入門してきたため、師匠の世話をおしつけて旅巡業に出たという。

およそ二年の旅回りの間、圓馬から親しく稽古を受け帰京。大正8年12月、三遊亭圓洲と改名、翌年9月同名で真打に昇進。同15年4月、三代目三遊亭金馬を襲名する。二代目の金馬は初代小圓朝門下で、晩年の圓朝から直に教わった「死神」「笑い茸」を得意としていたが、この時名前を譲って金翁と改名。この襲名は諸派が合併分裂を繰り返していた当時の落語界にあって自ら率いた三遊睦会に参加した圓洲を見込んでのことともでのことも、二代目金馬の弟子であった金枝（後に三代目金馬門下となって三遊亭銀馬となる）の仲立ちによるとも言われる。昭和3年（1928）に発足した第二次落語研究会に会員として名を連ねる。同5年、ニットーレコードの専属となり吹き込んだ「居酒屋」が大ヒットとなり、以後改作物などを中心に次々と吹き込む。

昭和9年11月に発足した東宝名人会と出演契約を交わすが、東宝名人会の方針に反対した東京落語協会を除名になる。11年に東宝と協会の和解が成立したものの、金馬らは「東宝第一会」を結成、終生協会には戻らなかった。28年、NHKの準専属となり、31年にNHK放送文化賞を受賞。

生来の釣り好きであったが、昭和29年2月、千葉県佐倉の鹿島川からの釣りの帰りに鉄橋の上で列車にはねられ、左足を損傷。以後は高座に釈台を置き、いわゆる「板付き」で登場するようになる。本人の言によれば「十三歳から酒を飲みだした」とのことで、若年時から酒を好み、このためもあってか肝硬変を患い、39年11月8日逝去。死に臨んで自分の死亡通知を夫人に書き取らせ、諸方に届けた。

師匠の初代三遊亭圓歌よりも三代目三遊亭圓馬となった朝寝坊むらくに心酔し、前述の如く旅興行に随身してその芸を吸収した。同じく圓馬に心酔していた八代目桂文楽が圓馬の繊細な面を、この金馬が豪放な面を受け継いだといわれる。歯切れの良い口調と明快な演出は普及期であったレコード、放送といったメディアとの相性がよく、正岡容の紹介による「居酒屋」をはじめ数多くのレコードが吹き込まれ、放送とも相まって金馬の名を全国に知らしめた。これらを通じて落語を全国に普及させた功績は非常に大きい。

演目の幅は極めて広く、先の「居酒屋」をはじめ「寿限無」「金明竹」「道灌」「小言念仏」「浮世根問」「やかん」「子ほめ」といったオーソドックスな落し噺から「藪入り」「夢金」「三軒長屋」「唐茄子屋政談」「池田大助（佐々木政談）」など大ネタに分類される演目、「堪忍袋」「長屋チーム」といった新作、また大戦中の時流物「皇軍慰問」「銃後の八さん」

まで数多くの演目をこなした。また自作の「ボロタク」「取り次ぎ電話」はおとうと弟子の二代目三遊亭圓歌に譲られ、圓歌の売り物となった。

現在残っている録音を聞くとどの演目もわかりやすく面白く、落語の教科書的な印象を受ける。落語入門にはうってつけの存在であったといえよう。その一方、時に説明過剰で衒学的な嫌みを感じさせる場合がある。こういった面が戦後のホール落語を主導していった知識人に嫌われ、東横落語会をはじめとする主要なホール落語会への出演は少なかった。とくに評論家安藤鶴夫との不仲は有名で、パーティーなどで居合わせた際など、互いに顔をそむけてしまうありさまであったという。こうしたところから、実力に比して不当に低く評価されたとする見解もある（『落語無頼語録』）。六代目三遊亭圓生は噺の技巧、話中の人物の表現といった点では金馬を第一人者と認め「噺がうまいということは、だれしもが異を唱えないが、無理に上品に見せようとするところにかえって破綻をきたして、嫌みな感じになるのが惜しい」と評した（『えぴたふ六代目圓生』）。

頑固一徹な性格と評されたが、自分の信じるところを貫く姿勢は終生変わらなかった。前述の東宝との契約・専属問題はその性格を端的に表した一件といえよう。頑固と表裏をなして非常に合理的な面を持っており、弟子などに酒を振舞う際に遠慮して「いらない」

というと一滴も出さず、「飲みます」といえば倒れるほど飲ませてくれたというエピソードが残っている。また非常な人情家でもあり、趣味の釣りを通じて交流のあった竿師（釣竿職人）の二代目竿忠が東京大空襲で罹災した際には後に初代林家三平夫人となった遺児香葉子を引き取り、一切の面倒を見ている。また前述の東宝専属問題に絡んで初代桂小春団治が吉本と揉めた際には小春団治を庇い通したとも伝わっている。弟子としては四代目金馬、桂南喬、一世を風靡した三遊亭歌笑、二代目桂小南といった人々がいる。

　非常な読書家かつ博学であり、落語の登場人物になぞらえて「やかんの先生」と仇名された。『浮世断語』『江戸前釣り師　釣ってから食べるまで』、また歿後弟子の四代目金馬がまとめた『東京落語名所図絵』などの著書があり、ＣＤには主に文化放送での収録を集めた『三代目三遊亭金馬全集』（日本音声保存）がある。

（今岡謙太郎）

六代目 春風亭柳橋

【しゅんぷうてい・りゅうきょう】
明治32年（1899）10月15日・生
昭和54年（1979）5月16日・歿

江戸（東京）の落語界を大別して「柳派」「三遊派」に分ける捉え方があるが、柳橋という名はその柳派の始祖ともいうべきものである。六代目柳橋はこの大名跡を29歳の若さで襲名している。

東京本郷（現文京区）の生まれ。本名、渡辺金太郎。生家は染物屋を営んでいた。近所に本郷鈴本亭という寄席があり、そこへ出入りする芸人たちを見ているうちに落語家志望の志が固まっていったという。上野鈴本亭の席亭（寄席の主人）の橋渡しで11歳の時に四代目春風亭柳枝に入門、柳童の名で初高座を踏んだ。15歳の時に春風亭枝雀となり、18歳で真打に昇進、春風亭柏枝を襲名する。この頃、東京落語界は月給制をとる演芸会社と、これに対抗する落語睦会との対立が激しくなっており、師匠柳枝が旗頭であった睦会は若手の人気者を抜擢する方針をとり大正10年（1921）3月、小柳枝を襲名する。この時師匠の柳枝は華柳となり、兄弟子の小柳枝が六代目柳枝（本来は五代目だが、睦会の重鎮だった五代目左楽を憚って六代目を称する）を襲名。「三柳の改名」と言われた。さらに同15年2月、柳橋の大看板を襲名する。柳橋の亭号は元来麗々亭であるが、師匠の華柳が自分と異なる亭号になることを好まなかったため、春風亭のまま柳橋となったもので、以降柳橋の亭号は春風亭が用いられるようになった。

若い時分の売れっ子ぶりは同世代の中でも際立っており、売れない時分の五代目志ん生、八代目林家正蔵が顔を見合わせて「いつになったら柳橋さんみたいになれるだろう」と嘆息したという逸話が伝わっている。寄席もさることながらいわゆる「お座敷」での仕事が多く、やはりお座敷の多かった八代目桂文楽と比べても、その数ははるかに上だったといわれる。

昭和5年（1930）10月には、やはり当時売れっ子中の売れっ子で、寄席から劇場、映画へと活躍の場を広げていた柳家金語楼（147頁）とともに「日本芸術協会」（現落語芸術協会）を創立、会長となる。金語楼は後に喜劇俳優に転向して協会を抜け、桂小文治（149頁）が加わったが以後も会長は柳橋が務め、同49年、五代目古今亭今輔に譲るまで会長の座にあった。また当時人気番組であったラジオの『とんち教室』にレギュラー出演し、多数のレコード吹込みと相まって全国的な人気者となった。この間、昭和30年に放送文化賞、42年に紫綬褒章、48年に勲四等旭日小綬章を受けている。52年11月まで高座を勤めたが、その後脳血栓で入院、以後は高座に出ず歿する。

早くから芸の筋の良さを認められ、名人三代目柳家小さんの陽の部分を受け継いだといわれた。1歳違いの六代目三遊亭圓生は「うまい上に大胆で芸度胸があり、末恐ろしい。文楽などよりずっと大物になると思った」「一時は本気であの人の弟子になろうかと思った」(『えぴたふ六代目圓生』)と語っている。

時流を見る目にも優れており、「うどん屋」を改作した「志那そば屋」、「掛取り万歳」をやはり改作した「掛取り早慶戦」などで人気を博した。戦後はまだ珍しかった洋行経験を基にした「アメリカ土産」、『とんち教室』出演を生かした「放送裏話」なども多く高座にかけている。

反面、若い頃からの人気と地位に安住したためか、後年の評価は概して低い。新作で売っていた金語楼の影響で、先に触れた改作物を演じ出してから芸風が変わってきたとの評価もある。昭和24年2月の落語研究会（第四次）第五回公演では得意の「粗忽長屋」を演じたものの、その前に出た六代目三遊亭圓生の「鰍沢」に完全に食われてしまい、新聞評でも散々だったという（『えぴたふ六代目圓生』）。

寄席でも覇気のない高座が多く、トリであるにもかかわらず「放送裏話」ばかりを演じた柳橋にたまりかねた客が苦情を言ったとのエピソードも伝わっている。戦後における柳橋の、こうした評価に対してNHKで演芸番組を手掛けた能條三郎は「その晩年振るわなかったからというだけで、二十代から五十代にかけての、人間の充実期と燃焼期、さらに完成期にいたる三十年間を、それこそ燃焼し完成しつくして、昭和前期落語界にきらめく光の尾を曳いてつっ走った、すぐれた落語家の存在を無視することはできないはずである」と憤りを込めて表現した。また一方、劇作家の大西信行は晩年の評価について「名人上手であるより、スターであることを選んだ」結果であると評している（『落語無頼語録』）。

残っている録音、映像で確認すると、流れるような独特の口調は流麗で、和やかさを感じさせる。特にSPレコードで残された若年時の面影をしのばせる。一方で志ん生、八代目文楽、六代目圓生といった演者と比べるとくすぐりの古さ、メリハリの利かなさが感じられるものが多く、戦後の評価ぶりも頷けるものである。

演目としては「時そば」「碁泥」「青菜」「粗忽長屋」「笠碁」「長屋の花見」「天災」と

いった三代目小さん系の演目の他「星野屋」「三井の大黒」「大山詣り」などが挙げられるが、ＳＰレコード時代に吹き込まれた、「子はかすがい」、圓朝作「真景累ヶ淵」の「豊志賀の怨霊」といった演目も残されている。弟子としては三代目桂三木助、七、八代目の春風亭小柳枝、春風亭柳昇、四代目春風亭柳好、十代目柳亭芝楽らがおり、七代目柳橋は三代目三木助門下から移籍した七代目春風亭柏枝が昭和57年に襲名した。

（今岡謙太郎）

六代目 三遊亭圓生

【さんゆうてい・えんしょう】
明治33年（1900）9月3日・生
昭和54年（1979）9月3日・歿

昭和30年代は、東京落語界が一つの黄金期を迎えた時代であり、六代目圓生はそれを象徴する存在でもあった。

出生は大阪市西区花園町で、本名は山崎松尾。幼少期（明治37年・1904頃という）に母に連れられて上京。四代目橘家圓蔵の内輪（一門）となって子供義太夫の豊竹豆仮名太夫として寄席に出演する。相三味線は母の豊竹小仮名であった。明治42年初め頃に落語家に転向し、橘家圓童を名乗る。落語家転向のきっかけは石段で胸を打ち、医者から大声を出すことを止められたからだという。いわゆる「子役」で初めから二ツ目扱いであった。大正4年（1915）には小圓蔵と改名、9年3月に橘家圓好で真打。さらに11年2月、師匠四代目橘家圓蔵の歿後間もなく三遊亭圓窓を襲名。この間、母親が圓蔵門下の三遊亭圓窓と再婚しており、この圓窓が五代目圓蔵を襲名した際、同時に義父の名を圓好が継いだものであった。

大正14年1月、義父圓蔵が五代目圓生を襲名したのに伴い、六代目圓蔵を襲名、更に義父の死後、一周忌を機に昭和16年（1941）5月に六代目圓生を襲名した。本人はこの襲名に乗り気でなく最初は断ったが、戦時下の当時、講談落語協会会長で全盛だった六代目一龍斎貞山の強引な勧めに逆らえず、いやいやながらの襲名であった。若い頃から嘱望され、大きな名前を順に継いでいったものの人気の上では長く低迷し、圓生襲名の前後は落語家を廃業して踊りの師匠に転向しようかとさえ思ったという。

低迷から脱することのできないまま、終戦直前の時期に五代目古今亭志ん生（44頁）らとともに慰問で満州に赴いた。これは本来五代目古今亭今輔（71頁）が行く予定だったところが、今輔の母親が亡くなったため圓生が行くことになったという。満州では初め満洲映画協会の姉妹会社である満洲演芸協会との契約だったが、その契約が切れた後も新京の放送局から声がかかり、各地を興行して回った。終戦後の混乱で帰るに帰れず、大連で志ん生とともに約1年半を過ごし、昭和22年3月末に帰国。4月上席から高座へ復帰した。この時、志ん生と圓生は満州で死んだだろうと噂され、協会の名簿からも除籍されそうになったところを納めてくれたのが四代目の柳家小さんであった。

引き上げ後から芸境が進歩してきたと評されるようになり、本人も芸に対する見方がかわってきたと語っている。故老世代がいなくなり、八代目桂文楽（34頁）、五代目古今亭志ん生が第一人者として扱われていた昭和20年代半ばから30年代初期において著しい進歩を見せた。昭和26年から神田立花で独演会を行い、同28年にはラジオ東京の専属となる。29年以後上野本牧亭、人形町末広で定期的に独演会を行うようになる。戦後盛んになったホール落語でも東横落語会、三越名人会、東京落語会といった会に数多く出演し、東横落語会、落語研究会（第五次）などではレギュラーになっている。35年には文化庁芸術祭賞受賞。40年には五代目志ん生の後を受けて落語協会会長。47年に五代目柳家小さんに譲って顧問となるまで会長職をつとめた。48年、皇后陛下古希のお祝いに皇居で「お神酒徳利」を御前口演。49年、日本演芸家連合会長に就任。この間、35年から37年にかけて『圓生全集』全10巻刊行。『寄席育ち』『明治の寄席芸人』（いずれも青蛙房）なども刊行された。49年にはCBSソニーレコードから『人情噺集成』、50年には『圓生百席』と多方面にわたる活躍を続けた。

名実ともに第一人者となった圓生だが、後任の落語協会会長になった五代目柳家小さんが大量の二ツ目を真打にした方針に反発し、一門のほか圓生の方針に賛同した三代目古今亭志ん朝、七代目橘家圓蔵、三代目月の家圓鏡（えんきょう）（八代目橘家圓蔵）らとともに落語協会を脱退し、昭和53年6月、落語三遊協会を設立。しかし寄席の席亭から支持を得られず定席出演の道を閉ざされる。結局志ん朝などは落語協会へ復帰し、圓生は一門を率いてホール、地方興行などを中心に活動するようになった。そして54年9月、千葉県習志野市の圓生後援会発会式で「桜鯛」を演じた直後心筋梗塞で死去する。

幼少期から寄席の世界で過ごし筋の良さを認められてきたが、先述のように、その芸が花開いたのは戦後からであった。「満洲から帰って来てから良くなった」と言われ、最初は半信半疑であったという。昭和22年、以前は手掛けなかった「妾馬（めかうま）」の（下）を演じて好評をうけ「笑わせるだけでなく、笑いあり涙ありという噺があたくしに一番向いているようだと悟ったわけなんです」（『寄席育ち』）と本人は語っている。満州行きが転機になったのは確かなようで、「人の芸に対する見方も随分変わりました」といい、それまで高く評価していなかった五代目志ん生についても「彼は野武士で、あたくしは道場の剣客というところじゃァないかと思います」「そのころのあたくしで彼と真剣勝負をすれば、十のうち七太刀くらいは斬られてしまって、せいぜい三太刀くらいしか彼を斬ることはできなかったろうと思います」といっている。

演目は非常に多く、「浮世床」「たらちね」「小言幸兵衛」「湯屋番」などのオーソドックスな落し噺、「子別れ」「鰍沢」「文七元結」「唐茄子屋政談」などの人情がかった演目、「品川心中」「文違い」などの廓噺、「三十石」「包丁」「豊竹屋」など音曲入りの演目、「芝居風呂」「双蝶々」といった芝居噺などすべてこなし、驚くほど芸域は広い。しかもその演目全てが水準以上の出来栄えとなっていることは驚異ともいえる。同じく多様な演目を手掛けた五代目古今亭志ん生が出来不出来の差が激しかったことと対照的である。

中でも大正期から衰微の傾向にあった長編の人情噺を手掛けた点は記憶に留めておくべきで、「牡丹灯籠」「真景累ヶ淵」「乳房榎」などの圓朝物の他、「髪結新三」「双蝶々 雪の子別れ」などを練り直し後世に伝えた点は、八代目林家正蔵とともに落語史上大きな功績を残したといえよう。

若い頃は特に言い間違いが多く、言い直しては首を振る癖があって客をはらはらさせたという。その点で細部まで言葉を固め洗練させた八代目桂文楽と対比されることもあるが、本人もそうした面は心得ており「あたくしの噺は、疵がずいぶん多い。言い間違いがあったり、はッとつかえたりすることもある」と言っている。しかし一方で言葉が固まった状態を「『噺が箱に入る』と言います」といい、「伸びる可能性がやや少なくなった状態です」と否定的に評価している。さらに、「芸はなにによらず、完成してしまうと面白味がなくなります」「あたしは生涯未完成でありたい」とも続けている。圓生の芸に対する姿勢を端的に表した言葉といえよう。

書籍、レコードによって数多くの演目を残している。映像としては第五次落語研究会の映像を集めたDVD『落語研究会　六代目三遊亭圓生 上下』、音声としては先に触れた『人情噺集成』『圓生百席』所収の演目が『圓生百席』の題名でCD化されている他、放送、実況、スタジオ録音などの音源からのものが各社から発売されている。また、先に触れた青蛙房の書籍以外にも『浮世に言い忘れたこと』（講談社）、『圓生江戸散歩』（朝日文庫）、『噺家かたぎ』（PHP研究所）などの聞き書き類を残しており、いずれも近代落語史上の貴重な資料となっている。

門弟の数は多く、五代目三遊亭圓楽、三遊亭圓窓、三遊亭圓弥、三遊亭圓丈などがいる。また三遊協会設立時にたもとを分かった三遊亭好生（こうしょう）は八代目正蔵一門で春風亭一柳（しゅんぷうていいちりゅう）となり、三遊亭さん生は五代目柳家小さん一門で川柳川柳（かわやなぎせんりゅう）となった。

（今岡謙太郎）

二代目 三遊亭円歌
五代目 古今亭今輔

　昭和戦後の、少なくともある時期までの東京落語界は「古典派か新作派か」に色分けされ、いわゆる古典派の方が格上とされがちな状況にあった。その中にあって二代目三遊亭円歌、五代目古今亭今輔の二人は新作で多くの観客を引き付けた。はなやかで女性描写が得意な円歌、「おばあさん物」で独自の味を出した今輔。その芸風は対照的とも言えるが、ともに東京や大阪など寄席（よせ）文化を育んできた土地以外の出身という点が共通している。ラジオ、テレビの普及を背景に、全国区の芸能となった落語を象徴する存在といえよう。

二代目 三遊亭円歌

【さんゆうてい・えんか】
明治24年（1891）4月28日・生
昭和39年（1964）8月25日・歿

新潟市の生まれで本名は田中利助。旧制新潟中学校を卒業した。同世代の落語家で中学校卒業の学歴は珍しい。卒業後は横浜で貿易商館に勤めた後、北海道で京染屋をしつつ旅回りの芸人一座に加わる。室蘭で三遊亭柳喬と名乗って出演していたところ、巡業中の二代目三遊亭小圓朝に発覚。旅先で圓朝を名乗っていた小圓朝一座よりもはるかに客を取っていた。小圓朝一座の若手だった朝太（五代目古今亭志ん生・44頁）らが乗り込んだところ小料理屋で接待され、苦情はうやむやになったという。これをきっかけに東京で落語家になる決意を固め上京。二代目三遊亭圓朝となった初代三遊亭圓右の高弟、初代三遊亭圓歌の弟子となって歌寿美となる。入門に際しては小圓朝一座にいた窓朝が橋渡しをしたとも、また上京して様々な落語家を見た上で初代圓歌を師匠に選んだともいわれる。初代圓歌は人情噺（にんじょうばなし）、芝居噺また古典・新作の両方をこなし、毎年元日の高座には必ずその年の干支にちなんだ新作を作って披露したと伝えられる。新機軸を好んだ落語家で、大正・昭和初期には大看板の一人であった。この初代門下で兄弟弟子となった三代目三遊亭金馬（きんば）とは終生交誼（こうぎ）を結ぶこととなる。その後歌奴（うたやっこ）と改名し、大正10年（1921）4月には同名のまま真打（しんうち）に昇進。以後順調に地歩を固め、昭和9年（1934）10月、二代目円歌を襲名する。

新潟の出身というハンディに加え重度の吃音（きつおん）であったが努力でこれを克服。明るい芸風で人気を集めた。「円」の字がつく落語家の場合、ビラや看板などでは「圓」の字体を使う場合が多いが、この円歌は「円」の字を使用した。落語家はどこか抜けているところがなければならないとの考えからとも、「圓」では開いたところがなく発展性に欠けるとの考えからとも伝えられている。代表的な持ちネタとしては兄弟子の金馬から譲り受けた「取り次ぎ電話」、さらに「空巣の電話」「社長の電話」など「電話もの」と称される一連の作品があげられよう。他に新作としては「馬大家」「ボロタク」「虎タク」「木炭車」など、古典を置き換えた中に同時代ならではのセンスを見せる作があり、落語芸術協会の落語家が手掛けた新作とはまた一味違った光を放っている。賑やかで艶っぽい芸風で、特に女性描写には独特の味を出した。持ちネタも幅広く「品川心中」「肝つぶし」「なめる」「テレスコ」「首ったけ」「坊主の遊び」「言訳座頭」から「三味線栗毛」「柳の馬場」といった笑いの少ない演目、また演じ手の少なかった「紺田屋」「茶釜の喧嘩」「高野違い」「紀州飛脚」「山岡角兵衛」「紋三郎稲荷」「写真の仇討(あだうち)」といった作も手掛けた。芝居好きを生かした「四段目」「七段目」「竜宮」「追い炊き（将門(まさかど)）」といった芝居噺も得意としていた。

　太平洋戦争後の東京落語界において、落語協会はいわゆる本格派の顔触れは充実していたものの人気においては芸術協会（後の落語芸術協会）に後れをとっていた。その中で大衆的な人気を集めていた数少ない落語家といってよい。落語の面白さを伝えたという面でやはり特筆すべき存在であったといえよう。寄席(よせ)文字の橘左近は「高座に上がる『出』の瞬間、パッと花が咲いたような明るさが何ともなつかしい」「小さな寄席でなく、大きなホールが似合った噺家として、同時代のなかでも傑出していたのではなかろうか」（『古今東西落語家事典』）と評し、七代目立川談志(だんし)は「寄席で演っていたのが劇場へ進出するようになって、いちばん劇場にあった落語を考えたり演ったりしたのが、この円歌ではないかと思う」（『現代落語家論』）といっている。弟子には三代目三遊亭圓歌、八代目三笑亭(さんしょうてい)可楽門下から移籍して歌風を名乗っていた三笑亭笑三(しょうざ)、三代目三遊亭歌笑(かしょう)（102頁）などがいる。

（今岡謙太郎）

五代目 古今亭今輔

【ここんてい・いますけ】
明治31年（1898）6月12日・生
昭和51年（1976）12月10日・歿

「古典落語」という言葉自体はすでに戦前から用いられていた。しかしそれが一定の価値観を伴って用いられるようになったのは戦後になってからと考えられる。ことにホール落語が一種の権威となった昭和30年代以降はいわゆる「古典」が重く扱われるようになっていった。そうした中、「古典もできたときは新作だった」を旗印に新作落語に情熱を燃やし、一つの流れを作ったのが五代目古今亭今輔である。

群馬県佐波郡境町諏訪町（現伊勢崎市）に生まれる。本名は斎藤五郎。実家は伊勢崎銘仙の織元であったが父の代で左前になり、上京して上野松坂屋呉服売場に勤めた。ここで上司と衝突して辞め、奉公先を転々とした中で勤めた質屋の主人が寄席好きだったところから大正3年（1914）、初代三遊亭圓右の門下となって右京となる。しかし圓右の実子小圓右のわがままと圓右の甘やかしに嫌気がさして圓右門人の初代三遊亭右女助（後に四代目古今亭今輔）門下に移籍して同6年に桃助で二ツ目。しかしこの師匠の素行にも愛想を尽かし、いわば逆破門して三代目柳家小さんの弟子となる。この時、芸人世界のずぼらさに嫌気がさしていた彼に「納得のいく師匠を紹介する」と仲立ちに立ったのは初代柳亭市馬だったという。9年に小さん門下となって小山三、12年に同名のまま真打。稽古をつけて貰っていた三遊一朝を引き取って伊勢崎へ避難したとの逸話がある。

　三代目小さん引退の後は上方出身ながら東京に定着して大看板となった桂小文治（149頁）の門下となり、昭和6年（1931）、三代目桂米丸となる。この間、離合集散を繰り返す当時の東京落語界にあって三代目三遊亭圓楽（後の八代目林家正蔵）らとともに落語革新派なる一派を興すが間もなく解散するなど、不遇時代が長く続いた。不況下で寄席の出演も減り、苦しい生活を余儀なくされる中、上野鈴本の席亭の好意で昼は倉庫番をしながら夜寄席に出るという日々を6年から16年の今輔襲名まで送ることとなった。

　花が咲いたのは昭和3年頃、柳家金語楼（147頁）の勧めで新作派に転向してからで、劇作家宇野信夫宅での「新作落語の会」で宇野をはじめ野村無名庵、鈴木みちを、正岡容といった面々との知遇を得たことも後押しとなった。本人が「上州訛りなんです。江戸落語はだめなんです。三代目の師匠や一朝爺さんから沢山の噺を教わって覚えていますが、江戸落語は自分には用がない、みんな捨てよう、そう考えましたね」と語っているように上州訛りに劣等感を抱いており、それも新作転向の大きな要因と考えられる。

新作転向後は初期の「老稚園」の好評以降、いわゆる「おばあさんもの」を売り物にする一方、有崎勉（柳家金語楼）作の「バスガール」「ラーメン屋」などを手掛けて重きをなしていった。昭和42年、日本芸術協会（落語芸術協会）副会長、同47年、NHK放送文化賞、勲四等瑞宝章受章。49年には六代目春風亭柳橋の後を受けて二代目の日本芸術協会会長となった。

頑固一徹と評された性格は奉公時代からで、曲がったことの許せない気性は晩年まで変わらなかった。それだけに義理堅く律儀で、先に触れたように関東大震災時には若年時に稽古を受けた三遊一朝を引き取って伊勢崎の親戚宅で世話をし、その後も八代目林家正蔵とともに面倒を見続けた。また上州訛りを気に病む自分に長谷川伸から与えられた助言を徳として「大恩人」と生涯感謝していた。

若年時に一朝老人の稽古を受けた一方、三代目小さんを敬愛していたこともあって筋目正しい芸風の持ち主だが、どちらかといえばごつごつとした口調で、女性の活躍するような演目にはそぐわない持ち味であった。しかし得意とした「おばあさんもの」などではその口調が却って長所となった。ことに戦後の世相を捉える視点に独自のものがあり、長らくＮＨＫで演芸番組を担当していた能條三郎は「新しい時代風潮の中で世の片隅においやられてしまった〝おばあさん〟ときには〝おじいさん〟を描き、しかもめそめそしない明治生まれの逞ましい人間像として、崩れ去った日本の家族制度の最後の一員としての〝おばあさん〟の存在価値をいきいきと謳いあげた」と評している（『別冊落語界　愛蔵版・昭和の名人』）。

古典系の演目としては「もう半分」「わら人形」「死神」などやや怪談がかった演目、「馬の田楽」「囃子長屋」「毛氈芝居」など音曲や芝居のからむ演目などが残されており、新作では先に触れた「老稚園」「おばあさん三代姿」「青空おばあさん」「峠の茶屋」などを得意物としていた。特に有崎勉作「ラーメン屋」はその人情噺がかった内容が今輔の個性とうまく噛み合い、生涯の傑作と称され、「志那そばや」の題でいわゆる古典派の演者によっても口演されている。門下は桂米丸を筆頭に、三代目三遊亭圓右、三代目三遊亭右女助、三代目柳家金三、先ごろ亡くなった桂歌丸がいる。

（今岡謙太郎）

三代目 桂三木助

【かつら・みきすけ】
明治35年（1902）3月28日・生
昭和36年（1961）1月16日・歿

明治35年（1902）生まれ。本名は小林七郎。養子として湯島の床屋にて育つ。その床屋は界隈の芸者衆の客が多く、にぎわっていたようだ。当時の床屋の職人には渡世人も多かったようで、幼少の頃から博打がごく身近なものであったようだ。大正3年（1914）に育ての父親が死に、翌4年に七郎は12歳で家を継ぐことになる。

弟子入りの経緯には諸説ある。安藤鶴夫によれば「はじめ春風亭華柳の弟子となり、華柳歿後、柳橋の門に入って」（『わが落語鑑賞』）としているが、一方保田武宏は「母親の実弟が四代目春風亭柳枝（春風亭華柳）なので、その弟子になろうとしたが、甥を弟子にするわけにはいかないと、柳枝門下の春風亭柏枝（六代目春風亭柳橋）の弟子にまわされた」（『名人名演落語全集』）と書いている。前座で春風亭柏葉となるが、これも「大正七、八年ごろと思われ、はっきりした年月がわからない」（『名人名演落語全集』）と書かれているように定かではない。

大正10年9月に二ツ目に昇進して春風亭小柳となる。その後師匠との間になにかがあったのか、同15年に大阪へ行く。二代目桂三木助の預かり弟子となり、桂三木男を名乗る。二代目三木助は大阪出身の落語家でありながら一時期東京の寄席にも出演していて、大変な人気を博した落語家であった。三木助は顔が似ていたということもあり三木男のことを可愛がったため、実父は二代目の三木助ではないかという噂が流れたほどである。この大阪時代に三木助から教わった噺（はなし）の中には、後に三代目桂三木助の得意演目となった「ざこ八」や「長短」などがある。

昭和2年（１９２７）に東京へ戻り再び柳橋門下となり、春風亭橋之助を名乗る。10月、ほどなくして真打（しんうち）に昇進し柳昇（りゅうしょう）となる。同7年5月には師匠の前名である小柳枝を五代目として襲名する。小柳枝を襲名するといった経歴をみればエリートのように感じられるが、実は小柳枝には大きな欠点があった。もともと博打癖があり寄席（よせ）を怠けて休んでしまうこともあったのだ。このようなことから業界内部で評判があまりよくなかったことと、また同時期に寄席が衰退しはじめたことを理由に12年、35歳の時に落語家を廃業して日本舞踊家に転向し、花柳太兵衛と名乗る。太兵衛は神楽坂に日本舞踊の稽古場を設けた。戦中ということもあり日本舞踊をおおっぴらにできなくなったことから、18年10月落語界に復帰。六代目小柳枝（八代目三笑亭可楽、94頁）が誕生していたので、二代目三遊亭圓馬（えんば）の妹の世話によって橘ノ圓（まどか）の名前をもらう。戦争が終わり24年1月からNHKラジオのバラエティ番組『とんち教室』に、師匠の柳橋ともにレギュラーメンバーに選ばれる。この頃、日本舞踊の師匠をやっていた時に弟子入りしてきた仲子がきっかけで落語に身を入れて精進するようになる。そのきっかけは、弟子である仲子に惚れてしまったからである。結婚をしたいが、仲子は25歳以上も年下だったことから、仲子の実家から「本当に仲子が欲しいなら、どうか一人前のはなし家になってください」と言われてしまう。「あんなに好きだった博打を止め、戦後本気になって落語に打ち込んでくれました」（『桂三木助集』）というほど、人が変わったように落語に身を入れて精進するようになる。

そしてついに昭和25年4月、大阪時代の師匠の名前である「桂三木助」を三代目として襲名する。三木助披露興行が行われた後には、ついに仲子と結婚をはたす。『とんち教室』の効果もあり、三木助は日本全国を飛び回り大活躍する。そして同29年、三越落語会で演じた「芝浜」で第九回文部省芸術祭奨励賞を受賞することとなった。ちなみにその時に芸術祭賞を受賞したのは三木助が芸の上で心酔していた八代目桂文楽の「素人鰻」であった。

師匠の柳橋が芸術協会を立ち上げたことから、三木助も芸術協会に所属していた。しかし三木助は柳橋門下から抜け、芸術協会を脱退。脱退したことで寄席に出られなくなったが、三木助は日本橋の甘味所「梅むら」の二階にて勉強会を開き、ついに昭和35年に念願だった落語協会に加入し寄席に復帰することができた。しかし翌36年、三木助は59歳で胃がんのため亡くなった。最後の高座は前年11月の東横落語会での「三井の大黒」であった。楽屋では壁にもたれるなど苦しそうな表情だったが、高座に上がってしまえば熱演であった。持ちネタは『桂三木助集』によれば、全76席である。得意演目であった「芝浜」「時そば」をはじめ、大阪で二代目三木助から継承した「蛇含草（じゃがんそう）」「崇徳院（すとくいん）」「ざこ八」「加賀の千代」や、劇中劇として新しくつくりあげた「一本刀土俵入」などがある。

川戸貞吉が「私にとって桂三木助は、「芝浜」という噺をひっさげて、ある日突然にあらわれた噺家であった」（『現代落語家論』）というほど、三木助と「芝浜」は切り離すことができない。「芝浜」の初演は昭和28年11月の三越名人会ということになっているが、山本進はこの二、三ヶ月前に神田の立花演芸場で開かれた第四次落語研究会が初演だと指摘してい

る。「芝浜」について飯島友治は以下のように述べている

この噺がとても嫌いで、他人の演るのさえ聞こうとしなかったそうであるが、昭和二十八年四代目の柳家つばめが、「どうかあたしの『芝浜』を覚えてくれ」と、くどくど頼むので、人の好い三木助は断りきれず、いやいやながら習い始めたのである。ところが稽古にかかってみるとおもしろくなり、身につまされて、ますます熱をあげて稽古に励んだのである。というのは「おッ嬶ァ、俺は今日から酒をやめる……大晦日をおっつけてくれるなら、一生懸命にやってみよう……」の件が、三度の飯より好きな博打をやめたときの心境とそっくりであったというのである。

(『古典落語　正蔵・三木助集』)

魚屋の亭主がおかみさんによって酒をやめ仕事に打ち込むというドラマと、三木助がおかみさんによって博打をやめ落語に打ち込むというドラマ、この二つのドラマを三木助の「芝浜」は内包しているのだ。

三木助は、こだわりをもって落語を工夫していった。例えば「崇徳院」に関して、「時代設定でいつも問題になるのは金高であるが、この噺でも、若旦那を見つけた者が貰う懸賞を、一時は「五十万円」などとしていたことがある。最後の頃には、それを「積み樽」

に変えて、この困難を解決していた。これを見ても、古典の生命を延ばすためには、常に努力を重ねていた訳で、無定見な新しもの好きとは、根本のところで異なっていたことがうかがえよう」（『桂三木助集』）。また「時そば」で銭を勘定する時、言葉に不自然な点が生まれないよう小銭を「ひとつ、ふたつ、みっつ」と数え上げる演じ方をした。「時そば」で「竹輪をつまみ上げて月をすかして見る仕ぐさが、きっちりきまっていた」（『現代落語家論』）と評されることを代表に、「芝浜」での財布を拾う仕草、「へっつい幽霊」でのつぼ皿をを持つ仕草など、仕草がたいへん綺麗だった。

■

三木助といえば、アンツルこと評論家の安藤鶴夫は欠かせない。「桂三木助を支えた人に、安藤鶴夫がいる。三木助にとって、切っても切れないのは安藤鶴夫氏であり、アンツルさんは、三木助のことを誉めて誉めて誉めまくった。「三木助は名人である」と、当時の好事家や落語評論家が口をそろえていったのも、アンツルさんの影響が大いに働いたようだ」（『現代落語家論』）と川戸貞吉は回想している。後に安藤は小説『三木助歳時記』という連載を昭和43年から読売新聞に始めた。その中で「三木助の芸を、まるで文学みたいだな、と、感心する。そういえば、三木助の芸には、戦後の、このごろの文学みたいに、すっかり、かげをひそめてしまった、そういう、においのようなものが、いつでも、そっと、底びかりがしていた」と著している。結末を迎える直前に安藤は死去し、『三木助歳時記』は完結することはなかったが、生前から現在に至る三木助の評価をある種位置付けたのは安藤鶴夫であろう。

落語界内の交友録としては五代目柳家小さん（117頁）との関係を特筆すべきだろう。まだ落語協会入りする前の三木助と五代目柳家小さんとは落語協会、芸術協会の垣根を越えて、兄弟分の盃を交わす仲であった。三木助は息子に小さんの本名を付ける。小さんと同姓同名の三木助の息子は、のちに小さんに入門し、四代目桂三木助を襲名。そして現在孫が五代目桂三木助を襲名している。弟子には、九代目入船亭扇橋や林家木久扇、八代目都家歌六などがいて、三木助のネタは現在でも受け継がれている。

「芝浜」が代表的な演目ではあるが、「崇徳院」「三井の大黒」「ねずみ」や、つぼ皿を持った仕草が美しかったという「へっつい幽霊」などが主な持ちネタであった。

現在では現存する音源を46席収録したCDブック『三代目桂三木助 落語全集』などで三木助の芸に触れることができる。

（重藤　暁）

八代目 林家正蔵
五代目 春風亭柳朝

林家正蔵とその惣領弟子春風亭柳朝は、落語を聴き込んで、初めてその良さがわかるというタイプの落語家であった。また一方、落語の骨法を後代の落語家に伝えたという点で林家正蔵の存在は大きく、柳朝は弟子の養成を通じて落語界の発展に寄与した。飛びぬけたスターではなかったが、伝承という面から見て昭和の落語界を支えた師弟であったといえよう。

八代目 林家正蔵

【はやしや・しょうぞう】
明治28年（1895）5月16日・生
昭和57年（1982）1月29日・歿

今日、三遊亭圓朝の名は歴史上あるいは伝説の人物との印象を持たれがちであろうが、彼の残した演目、また彼が若き日に得意としていた芝居噺の演出は脈々と引き継がれ、今でも見ることができる。八代目林家正蔵はそうした「生きた圓朝」を今日に伝える面で大きな功績ある人物ということができよう。

東京品川の生まれだが、3歳から浅草で育った。本名は岡本義。小学校卒業の後、様々な職に就いたが、明治45年（1912）に三遊亭三福（三代目圓遊）に入門、福よしの名を貰う。師匠が扇遊亭金三と改名した際に扇遊亭金八と改名。その後、師匠の金三とともに四代目橘家圓蔵の内輪（一門）となり、金八は橘家二三蔵と改名、二ツ目に昇進する。さらに、大正8年（1919）4月には三代目三遊亭圓楽を襲名、真打格となった（正式な真打昇進は翌年6月）。なお、この時圓楽の名を譲った二代目は三遊亭一朝と改名している。

　大正11年に四代目圓蔵が死去し、圓楽のまま三代目柳家小さんの預かり弟子となる。12年には大阪へ行き、数カ月ではあるが二代目桂三木助の許で修業を重ね、帰京後は四代目蝶花楼馬楽（四代目柳家小さん、25頁）の内輪となった。同14年に柳家小山三（五代目古今亭今輔、71頁）と「落語革新派」を旗揚げするもまもなく解散。昭和3年（1928）4月、馬楽が四代目柳家小さんを襲名すると同時にその前名である五代目蝶花楼馬楽を襲名。同25年5月には八代目林家正蔵を襲名。これは当時、おとうと弟子にあたる柳家小三治が五代目小さんを襲名することになり、それより大きな名前を襲名する必要があってのこといわれる。七代目正蔵はすでに物故していたが、長男の初代林家三平が落語家になっていたため、遺族から一代限りの約束で正蔵の名を借り受けたが、この時遺族に借用証文を書いている。戦後は落語協会に所属し、40年に副会長、43年には芸術祭賞、紫綬褒章を受章。47年には九代目桂文治、六代目三遊亭圓生とともに落語協会顧問に就任。55年9月、七代目正蔵の長男だった初代三平が死去したため、名跡を遺族に返す決心をし、翌56年1月に林家彦六と改名した。彦六の名は徳川無声が主演した映画『彦六大いに笑ふ』からとったと本人が語っている。

最初の師匠である三福は明るい芸風で音曲・声色も得意としていたが、直接の稽古はまりつけて貰わずに、当時三遊派の稽古台となっていた三遊亭一朝（三遊一朝）から主に教えを受ける。一朝は圓朝若年時からの弟子で、はじめ勢朝（せいちょう）から橘家圓蔵（三代目）となり一時小圓朝ともなったが、彫物を入れたのが原因で圓朝から名前を取り上げられたと伝わっている。その後は長らく圓楽を名乗っていた落語家である。やや武骨な芸風で大看板にはならなかったが圓朝ものをはじめとして演目の数は多く、稽古台として数多くの若手に噺（はなし）を伝えた。中でも八代目正蔵と五代目古今亭今輔は親しく稽古を受けており、一朝の晩年はこの二人が半年交代で世話をしていた。

八代目正蔵は、柔らかみがあるというよりは骨太な感じを与える口調で、若年時には同世代の六代目三遊亭圓生と対比され「圓蔵（六代目圓生）は皮ばかり、馬楽（八代目正蔵）は骨ばかり」と評されたこともあったという。晩年には独特の、ゆっくりした味のある口調となっていたが、SP盤や、六十代と推定される時期に収録された録音を聞くと同一人とは思えないほどのテンポの速さとてきぱきとした口跡に驚かされる。

演目の骨格、眼目を見抜く頭脳の働きは群を抜いており、状況に応じて同じ演目を幾通りもの演じ方・時間で演じることができた。定席で時間のやり繰りを担当する前座や、生放送主体であった時期の放送の担当者は、正蔵が顔触れに入っていると安堵したと伝えられている。その面では一つの演目を練りに練って、一言一句まで自分の納得いくやり方でしか演じなかった八代目桂文楽、やってみないと自分でもどうなるかわからない五代目古今亭志ん生とは対照的であったと捉えることもできよう。そのためもあってか戦後の落語界にあっては若手の指南番的な存在で、数多くの若手が正蔵の許に通って教えを受けている。

演目は多岐にわたり、「ぞろぞろ」「しわいや」といった軽いネタから「火事息子」「中村仲蔵」「文七元結（ぶんしちもっとい）」「鰍沢（かじかざわ）」など人情がかった一席物、「名月若松城」などの講談ネタ、「笠と赤い風車」（平岩弓枝作）、「どくろ柳」（正岡容（いるる）作）といった新作など広範囲の演目を手掛けた。自作の新作に「すててこ誕生」「年枝の怪談」などがある。中でもやはり特筆すべきは圓朝→一朝と伝わった道具・鳴物入りのいわゆる「正本芝居噺」の継承で、若年時の圓朝ほぼそのままと考えられる演出を教えられ、それを後代に伝えた功績は大きい。

若い頃は「とんがり」と呼ばれた正義漢で、この仇名は曲がったことなどがあるとすぐにかっとなる性格に由来している。戦後すぐの時期に楽屋で『中央公論』などを読んでいたとのエピソードが残されているように知性派でもあり、理屈っぽいところから「インテリ」と呼ばれてもいたという。上野稲荷町にあった二階建ての長屋で生涯を終えたところにも、そうした自分なりの筋を通した生き方を感じさせるものがある。落語界の人格者として三代目柳家小さんを尊敬しており、「小さんの心で居る」の意味で「小心居」を座右の銘にしていた。

弟子の数は多く、筆頭弟子の五代目春風亭柳朝をはじめ二代目橘家文蔵、紙切りの二代目林家正楽といった直弟子に加え、七代目橘家圓太郎、三遊亭市馬などの客分、また六代目圓生門下だった春風亭一柳、四代目小さん門下だった六代目蝶花楼馬楽も一門に数えられる。速記として残されたものとしては『林家正蔵集 上下』（青蛙房）、ちくま文庫『古典落語 正蔵・三木助集』などがあり、他に『正蔵一代』『林家正蔵随談』（青蛙房）、『噺家の手帳』など本人関連の書籍、『師匠の懐中時計』『正蔵師匠と私』といった弟子による書籍も数多い。また馬楽時代からつけていた日記の一部が『八代目正蔵戦中日記』（青蛙房）として公刊されている。

DVDとしては「五人回し」「戸田の渡し」「毛氈芝居」など16席を集めた『落語研究会 八代目林家正蔵全集』が残されており、CDとしては『林家彦六名演集』があり、『NH

K落語名人選』などにも多数の演目が収録されている。

（今岡謙太郎）

五代目 春風亭柳朝

【しゅんぷうてい・りゅうちょう】
昭和4年（1929）10月29日・生
平成3年（1991）2月7日・歿

八代目林家正蔵の惣領弟子である。正蔵の一門には様々な経歴を持つ落語家が集まり、彼より先輩にあたる人物は何人もいるのだが、子飼いの一番弟子はこの柳朝といえる。新橋の生まれで中学在学中に志願して海軍に入隊した。戦後は幾つかの職を経た後、昭和25年（1950）に八代目正蔵に入門。小照の名を貰う。一時期廃業するが同27年に改めて入門して正太。翌28年に二ツ目になり、照蔵と改名する。

昭和37年5月、五代目春風亭柳朝を襲名して真打（しんうち）に昇進。春風亭を名乗ったのは、師の八代目正蔵が自分の名跡は七代目の遺族から「借り受けた」ものであって、いずれ返還する意思を持っていたためである。そのため返還後に揉め事が起きないようにと自分の弟子には真打昇進の際「林家」以外の屋号（亭号）を名乗らせる方針で、柳朝の名跡を襲名させた。この名跡は二代目春風亭柳枝の前名に始まる古いもので、中でも三代目の通称「初音屋の柳朝」はかなりの看板であったが、その後四代目柳家つばめになった本名深津竜太郎が名乗った後は空いていた。襲名に際して六代目春風亭柳橋の了承を得たといわれている。

歯切れの良い口調で人気を集め、昭和30年代には三代目古今亭志ん朝（124頁）、五代目三遊亭圓楽、七代目立川談志（132頁）と並んで「若手四天王」と称された。中でも志ん朝とは親しく、柳朝・志ん朝の二人会「二朝会」を定期的に行っていた。その際「皆、志ん朝をききにくるんだろうから俺は邪魔にならないようにやるよ」と周囲には言っていたと伝わるが、一方で「強次（志ん朝の本名）、次の会はおめえ、これ演れ」と演目など全て取り仕切っていたと、おとうと弟子にあたる桂藤兵衛は語っている。

前述したように「若手四天王」の一人と称されていたが、やや遅れて柳朝の代わりに三代目月の家圓鏡（八代目橘家圓蔵）を入れた四人を四天王とする見方が出てくるようになると、折に触れて「自分はもういいんだ」といったような態度を見せることがあったという。また一方で持病の糖尿病があるにもかかわらず毎晩の酒場通いを止めず、医者の入院勧告にも耳を貸さず何度も救急車で運ばれたりしている。作家の色川武大はその性格を「淡泊、見栄坊、恥ずかしがり屋」と評し「つくづく自分との共通点を感じる。よくもわるくも都会っ子。意地っぱりだし、ファイトもあるのだが、それを絶対表面に見せようとしない」と思い入れを語っている（「明日天気になァれ」新潮社版『なつかしい芸人たち』）。

昭和47年、五代目柳家小さんが落語協会会長に就任すると専務理事となり、後常任理事となった。同55年には二番弟子となる春風亭小朝が36人の先輩を追い抜いて真打に昇進し、師匠である柳朝もまた時の人となった。八代目正蔵が歿した57年、12月に脳梗塞で倒れ、以後高座に復帰しないまま61歳で歿する。

あっさりした江戸前の芸が売り物で、早口で歯切れの良い口調が特徴であった。色川が触れたように照れ屋でシャイな性格からか、一席一席を練り上げていくというよりは勢いで勝負していくタイプの落語家で、その芸風を馬場雅夫は

鼻にシワを寄せ身体を左右にくねらせながらネッチリと演じる柳亭痴楽の芸が水アメなら、柳朝の芸はハッカ糖である。それも、甘味がごく少なく、後味さわやかで、虫歯の心配のない菓子である。また先代・三遊亭金馬が油絵なら、柳朝は水彩画だ。時にはデッサンのまま展覧会に出品するので客がとまどうこともあるが、基礎はしっかりしていて、オヤと思わせる筆使いの細かさが判る人には判るのである。

（「現代落語家論　春風亭柳朝」『落語界』第20号）

と評している。師匠の八代目正蔵から折り目正しい芸風を学び、戦前・戦中世代と戦後世代をつなぐ貴重な存在であった。

得意演目には「大工調べ」「粗忽の釘」「品川心中」「井戸の茶碗」「宿屋の仇討」などがあり、同時代では古今亭志ん朝が売り物にしていた「火焔太鼓」も得意としていた。弟子の育成にも力を注ぎ、前述の小朝の他に一番弟子の春風亭一朝、春風亭正朝、勢朝などがおり、六代目柳朝は一朝門下の朝之助が平成19年に襲名した。

（今岡謙太郎）

八代目 三笑亭可楽
三代目 春風亭柳好

新作中心のイメージが強かった落語芸術協会において、三笑亭可楽・春風亭柳好の二人はいわゆる古典を売り物にし、独自の芸境を開いたという点で共通している。しかしその芸風は対照的で、柳好があくまで陽気で楽しい落語を聞かせたのに対して、可楽はいわば陰の魅力で独特の味を出した。五代目古今亭志ん生や八代目桂文楽、六代目三遊亭圓生や五代目柳家小さんといった落語家の持つスケールと比べればともに小粒といわざるを得ないが、彼らのような存在があったればこそ、文楽も志ん生もその個性を発揮し得たのだった。

八代目 三笑亭可楽

【さんしょうてい・からく】
明治31年（1898）1月3日・生
昭和39年（1964）8月23日・歿

初代三笑亭可楽は現在にまでつながる落語家の元祖ともいうべき存在で、その門下から様々な落語家を輩出し落語隆盛の基礎を作った。その八代目を襲名した可楽は本名を麹池元吉といい、下谷黒門町の経師屋の長男として生まれる。落語家を志すきっかけとなったのは後の五代目古今亭志ん生で、近所に住んでいた志ん生が毎日夕方になってから寄席に出かけるのを見て「いい商売だ」と思ったという。はじめ天狗連で活動したのち、志ん生の手引きで初代三遊亭圓右に入門、右喜松となる。八代目林家正蔵、三代目三遊亭金馬らとほぼ同じ頃の出発であった。大正7年（1918）10月に三橋と改名。七代目翁家さん馬（八代目桂文治）門下に転じてさん生から同12年に翁家馬之助と改名して真打。六代目春風亭柳枝門下となってさん枝、同13年8月には春風亭柳楽と改名する。この頃は五代目志ん生、九代目土橋亭里う馬、七代目橘家圓太郎といった売れない落語家たちが劇作家の宇野信夫宅へよく出入りしており、後年宇野は彼等との交流をエッセイに書いている。さらに五代目柳亭左楽門に転じて昭和15年（1940）4月に春風亭小柳枝となり、同21年5月、八代目の三笑亭可楽を襲名する。

　度々師匠を代え、改名を繰り返したのはそれだけ不遇だった証で、晩年になるまで華やかな売れ方はしなかった。しかしこの不遇時代が却って独自の味を生み出したのか、晩年は「可楽でなければ」という熱狂的なファンを持っていた。戦後のラジオ隆盛期には文化放送の専属となった。「東横落語会」をはじめとするホール落語全盛の中、昭和37年に矢野誠一がプロデュースした「精選落語会」のレギュラーに八代目桂文楽、六代目三遊亭圓生、五代目柳家小さん、八代目林家正蔵らとともに選ばれたものの、翌年食道がんで入院、その翌年に他界した。

　地味で、どちらかといえば陰気な芸風であったが、余人に出ない味わいのあった人で、小柳枝時代の「らくだ」を聞いた色川武大は「陰気、といってもしょぼしょぼしたものではなく、もっと構築された派手な（?）陰気さに見えた」と記している（「可楽の一瞬の精気」

(『色川武大・阿佐田哲也エッセイズ2』)。明晰とはいえない口調について矢野誠一は「少しばかし舌が短いのか、長いのか、ろれつがまわらないようでもあり、まわりすぎるようでもある。何とも怪しげなるアーテキュレーションで、ひときわ個性的であった。そしてこの個性的な語り口だが、ぼやく口調に一段と深い味わいがあったのだから、不思議な落語家であった」と評している(『落語家の居場所』)。先に触れたように熱烈なファンを獲得しており、ジャズマンの小島正雄は放送局ですれ違ってうれしさのあまり「小便を漏らした」と語ったという。

端正に演じるというよりは、演目のしどころを絞ってそこに集中するという演じ方で、大西信行は可楽の特徴を「それはどうやら省略ということにあるらしい。大胆に、ズバッと、自分のやりたい部分だけを残してほかは切り捨ててしまう」「ああいう人だったから、理屈の裏づけもなんにもありはしなかっただろうが、このはなしの仕どころはここと狙いをつけると、そこだけをしつこいまでに喰いついてねっとりと演じた」(『落語無頼語録』)と記している。その一方で一種の軽みも持ち合わせていて、他の演者なら深刻で嫌みになってしまうような部分もさらりと聞かせることができた。川戸貞吉は「可楽の高座には表情がない。感情がない。動作も少ない。ぶっきらぼうなのだが、それを感じさせないのは、可楽の味とキャリアが補ったからであろう。表情がないのに表情を出し、感情がないのに感情を出すのだから、いわゆる好事家好みの芸人であった」（『現代落語家論』）と位置付けている。

長いキャリアから持ちネタは豊富といわれたものの、前述したような演じ方であったためか、薬籠中のものにしたといえる演目はそれほど多くない。弟子の三笑亭夢楽は「おれはネタが少ないからわきへ行って教わって来いと言って、あんまり教えてくれませんでしたよ」と語っている。放送などで残っている音としては「今戸焼」「うどん屋」「親子酒」「笠碁」「三方一両損」「二番煎じ」「反魂香」「甲府い」「味噌蔵」などは独自の味が高く評価されている。中でも「らくだ」は小柳枝時代頃からの売り物で、らくだの兄貴分と屑屋のやりとり、酔った屑屋が死体の髪の毛をむしり取る件などは可楽の長所が最もよく出たものといえよう。また一方で同世代の八代目桂文楽が得意とした「明烏」、三代目桂三木助が高い評価を受けていた「芝浜」などの音も残されている。ＣＤでは『八代目三笑亭可楽全集』が発売されている。

弟子としては故人になった三笑亭夢楽、三笑亭笑三、また現役では九代目可楽、三笑亭茶楽がいる。

（今岡謙太郎）

三代目 春風亭柳好

【しゅんぷうてい・りゅうこう】
明治21年（1888）4月14日・生
昭和31年（1956）3月14日・歿

柳好という名跡は代数、亭号ともに錯綜していて確定しがたい名跡である。後の「柳派」につながる初代麗々亭柳橋の初めの名として「柳好」（これが初代か）が見え、以後別人と思われる「柳好」の名前が見える。本項で取り上げる柳好は春風亭を亭号とし、三代目を称していた。以下「三代目春風亭柳好」として記述する。

三代目柳好は東京出身。はじめ二代目談洲楼燕枝（だんしゅうろうえんし）門人となって燕吉から燕玉となる。明治45年（1912）に燕雀となり、大正3年（1914）頃錦枝（きんし）と改名。6年には演芸会社に対抗して生まれた睦会（むつみかい）に引き抜かれ、四代目春風亭柳枝（りゅうし）門下で三代目春風亭柳好を襲名し真打（しんうち）となる。以後明るい芸風で人気を集め、八代目桂文楽（34頁）、六代目春風亭柳橋（りゅうきょう）（56

頁）、桂小文治とならんで「睦の若手四天王」と称された。昭和8年（1933）頃、一時期幇間に転じたが間もなく復帰し、芸術協会（落語芸術協会）に所属した。戦後になって落語協会へ移籍するとの話もあったが、看板順でもめ、結局は落語協会の二代目三遊亭円歌（68頁）の反対もあって移籍は実現しなかった。この時六代目三遊亭圓生（61頁）は「私より看板が上でも構わない」と賛成したという。

落語家の傍ら向島で芸者置屋を営んでいた。そのせいかいつも若々しく、色気にあふれていたと伝わっている。昭和31年3月14日、ラジオ東京（現ＴＢＳ）で「穴どろ」の収録を済ませて上野鈴本の出番に向かったが脳溢血を発症、同日夜席が終演した10時半頃に息を引き取った。

明るく陽気な高座で、リズミカルな「唄い調子」を特徴とした。「柳好節」ともいえるその口調は尊敬する四代目古今亭志ん生の口調に学んだとも、藤八拳（狐・猟師・庄屋の三すくみの関係を用いた拳遊びで、大正頃から花柳界で流行した。リズミカルな掛け声とともに勝負を行う）を参考にしたとも言われている。あくまで明るい芸風で、高座に出てくるだけで周りがぱっと明るくなったという。酔っ払いの出る演目、幇間の出る演目を得意とした。中でも「蝦蟇の油」、また「野ざらし」は十八番で、高座に上がると客席からこの演目を希望する掛け声が後を絶たなかった。その一方人情噺系のしんみりした演目は向いておらず、登場人物の心理や状況を掘り下げて演じる方向性はとらなかったので、いわゆる落語通や評論家からの評価は概して低かった。ホール落語が全盛を迎える直前の時期に歿していること、新作、改作が中心であった芸術協会に所属していていわゆる大ネタをかける機会が少なかったこともやはり低評価の原因と考えられる。

元来が人情噺（はなし）を得意とした二代目談洲楼燕枝門下であり、師の演じた柳系の人情噺も多く知っていたと考えられ、戦前期まではそうした演目を演じた記録も残っている。落語協会に移籍していれば新たな芸境に進んでいたかもしれない。

録音などで残された持ちネタはやはり陽気な演目が多く、十八番であった「蝦蟇の油」「野ざらし」をはじめ、「青菜」「棒鱈（ぼうだら）」「穴どろ」「湯屋番」「幇間腹」「雑俳（ざっぱい）」、新作系では「電車風景」などいずれも面白い。他に市販された音源では「居残り佐平次」「大工調べ」「羽織の遊び」「権助芝居」、やや人情がかった演目では「たちきり」（立切れ線香）などを聞くことができる。

門弟としては四代目柳好となった笑好、十代目柳亭芝楽（しばらく）らがいる。

（今岡謙太郎）

三代目 三遊亭歌笑
初代 林家三平

「爆笑王」と呼ばれた三遊亭歌笑と林家三平を色川武大は次のように評している。「ピエロに徹しながら、歌笑にはどこか暗さがあったけれど、三平の高座はどこまでも屈託がない。実際、天性明るい人だったのであろう」（『寄席放浪記』）。

この二人はタイプが違っていたとしても、大衆に笑いを届け、落語の裾野を広げた功績は消えることはないだろう。

三代目 三遊亭歌笑

【さんゆうてい・かしょう】
大正6年（1917）9月22日・生
昭和25年（1950）5月30日・歿

大正6年（1917）、東京都西多摩郡五日市（現 あきるの市）の織物工場に生まれる。実家の織物工場は大きく、裕福な生活をしていた。本名は高水治男。斜視と弱視でえらが張った顔つきは幼少の頃からで、同世代の友達となかなか打ち解けることができなかったようだ。ラジオで落語を聴いていたこともあり、治男が21歳の時に同郷で人気絶頂であった柳家金語楼（147頁）に弟子入りを志願する。金語楼はラジオ出演でのトラブルで寄席から締め出されていた経緯があり、役者に活動の重きを置いていたことから、治男の弟子入りを断る。金語楼から六代目春風亭柳橋を紹介されるが断られ、再度金語楼から三代目三遊亭金馬への弟子入りをすすめられ、入門をする。昭和12年（1937）9月のことであった。金馬の内弟子として修業をし、三遊亭金平という名前をもらう。金馬は東宝名人会の専属であったために寄席に出ることはなく、金平も東宝名人会の楽屋で働いていた。しかし顔つきが特異だったことから楽屋内でもからかわれ続けた。

金平は寄席に出たほうがいいという金馬の判断や金平自身も寄席に出たかったということもあり、金馬のおとうと弟子である二代目三遊亭円歌の一門として寄席に出演し、落語協会に入ることになる。昭和16年頃に、二ツ目に昇進、金馬も名乗っていた歌笑を三代目として名乗ることになった。ただ二ツ目になり寄席に出演しても、なかなか客席を沸かせることができない。しかし熱心な読書家で小咄（こばなし）など面白いものを日頃から集めていたこともあり、落語のスタイルをかえていくことで歌笑は変わっていった。柳家（やなぎや）小きん（のちの五代目柳家小さん）・四代目柳亭痴楽（りゅうていちらく）とともに「二ツ目三人会」が大塚鈴本演芸場にて開かれたこともある。しかしそれもつかの間、歌笑も徴兵を受け、終戦を迎える。

終戦後、歌笑の人気に火がついた。自作の落語である「純情詩集」を作り上げ、寄席やラジオ放送で大活躍をはじめる。「純情詩集」とは七五調で構成された小咄（こばなし）である。代表作を引用してみたい。

豚の夫婦がのんびりと、畑で昼寝をしてたとさ、夫の豚が目を覚まし、女房の豚にいったとさ、いま見た夢はこわい夢、おれとお前が殺されて、こんがりカツに揚げられて、みんなに食われた夢を見た。女房の豚が驚いて、あたりのようすを見るならば、いままで寝ていたその場所は、キャベツ畑であったとさ。

保田武宏は「終戦後歌笑が爆発的な人気を得たのは、その風貌と時代にマッチしたセンスを巧みに生かしたからだが、そのセンスの表現に、歌笑は今までの落語にはない文学の形をつかった」(『名人名演落語全集』)と評している。歌笑が高座に登場しただけで大きな笑いがおこり、「まだなにもいってません」といってもうひとつ大きな笑いを起こす。そしてあえて七五調を用いた耳心地の良い「純情詩集」は戦後の日本を魅了した。批判も多かったが、押しも押されもせぬ人気者となり、昭和22年10月、真打(しんうち)に昇進する。毎日のようにラジオから歌笑の声が聞こえ、大きなホールを観客で満たした。しかし同25年5月30日、女性雑誌の取材を受け、次の現場へ移動する際、銀座にて道路を急いで渡ろうとしたところ、米軍のジープにはねられ即死してしまった。「三遊亭歌笑は、敗戦後疲弊し、荒廃した日本人に笑いを提供する為に突如現われた咄家だった。そして、日本が経済的に立ち直る頃に、その役目を終えたかのように、一瞬にして我々の前から姿を消したのである」(『昭和の爆笑王　三遊亭歌笑』)とあるように、歌笑は戦後日本を明るくしたのであった。「われ、父の肉体より、母の胎内に潜入し、さらに、母の胎内より、この地球上に原形を、現したるころは、太平洋の水、いまだ少なきころにして……」の一節からはじまる「わが生い立ちの記」など歌笑の落語はレコード化されているので、現在でも聴くことができる。

（重藤　暁）

初代

林家三平

【はやしや・さんぺい】
大正14年（１９２５）11月30日・生
昭和55年（１９８０）９月20日・歿

もう一人「爆笑王」と評されているのが、初代林家三平である。東京の根岸に七代目柳家小三治（七代目林家正蔵）の長男として生まれ、海老名栄三郎と名付けられる。もともと落語家になるつもりもなく徴兵されて内地で土木作業をしていた。終戦をむかえ、仕事に就こうとするも職がなく父親の正蔵に弟子入りし、昭和22年（１９４７）３月に東宝名人会の楽屋に前座入りする。楽屋仕事をしている時は林家甘蔵と呼ばれていたが、初高座をつとめるあたりから父親が名乗っていた柳家三平にちなんで、前座名は林家三平となった。楽屋での評判はよく、半年ほどで二ツ目の扱いを受けていたようだ。同24年父親の正蔵が55歳で亡くなってしまったことから、父親の弟子でありその後八代目桂文楽の弟子となった四代目月の家圓鏡（七代目橘家圓蔵）に弟子入りをする。もう一度落語協会の前座として修業を再スタートさせた。

　昭和28年4月に二ツ目に昇進する。私生活では同27年4月に三代目三遊亭金馬の紹介で中根香葉子と結婚する。金馬は三平のことを可愛がっていた。「古典落語を一生懸命に勉強していたのだが、噺を覚えないし、まちがえるし、将来どうなるのだろうと心配された中で金馬はただ一人「あいつは必ずものになる」と断言した」（『名人名演落語全集』）というエピソードが残っている。この間、父親が名乗っていた林家正蔵という名跡を蝶花楼馬楽に一代限りという条件で譲る。また三平自身も腹膜炎などの大病を煩い医療費のために父親から相続していた土地を半分手放すこととなった。29年文化放送にて初めてのラジオレギュラー『浪曲学校』の司会に抜擢される、半年で司会を降板することになるが、30年に開局したテレビ局・ラジオ東京テレビ（現ＴＢＳ）にて『新人落語会』の司会に抜擢されることとなる。司会なのにも関わらず走り回ったり出演者の名前を間違えたりと、とにかく三平は目立ち、視聴者から支持されはじめる。『新人落語会』は『今日の演芸』へと変わり、週5日間の生放送の司会を任された。八方破れの司会がお茶の間に認められ、三平は一気に時代の寵児となった。この頃から三平のお決まり文句である「どうもスイマセン」が世間に定着していく。またアコーディオン奏者であった小倉義雄とコンビを組み、歌ネタも披露するようになった。無愛想な小倉と愛嬌たっぷりに動き回る三平の様子が爆笑を呼んだ。後に三平は「好きです、ヨシコさん、こっち向いて」といった歌を発表し、「ヨシコさん」は三平の持ちネタとなる。

この人気に目を付けたのが鈴本演芸場であった。昭和32年10月中席にてまだ二ツ目であった三平にトリを任せるという英断を行った。ちなみに同年7月には二代目三遊亭歌奴（うたやっこ）（三代目三遊亭圓歌）に二ツ目でありながらトリを取らせている。

三平の人気はすごく、ついに昭和33年10月に真打（しんうち）に昇進する。この真打昇進の披露宴をラジオ東京テレビが中継したほどの人気ぶりであった。同35年あたりには「神風タレント第一号」という異名がつく。40年、日本テレビにて『踊って歌って大合戦』がスタートする。三平がツイストのような踊りを踊りながら会場を走り回り汗だくになる司会に注目があつまり、初回放送は視聴率30・6％となった。

昭和48年には営団地下鉄の禁煙キャンペーンに参加、「すィません！」と洒落込み本人も禁煙をする。しかし常に第一線で走り続け一日3時間の睡眠時間であったことや不摂生であったこともあり、同54年1月脳内出血にて緊急入院。一命は取り留めたものの言語障害をかかえてしまう。しかし必死のリハビリにより同年10月に末広亭に復帰をはたす。しかし、肝臓ガンを発症し翌年9月に再入院。20日に亡くなった。

　三平の落語は独特なものであり「三平落語」「リズム落語」と評された。黒紋付に袴をつけ正装した三平は明るく愛嬌たっぷりに、ジョークや小咄（こばなし）を立て続けに繰り出すことで客席に笑いの渦を起こしていったのだ。得意としていた演目に「源平盛衰記」があげられるだろう。「源平盛衰記」は父親の正蔵が得意としていたもので、源平合戦の世界に現代の風俗を入れ込むという構成であり、三平はこれを継承し、源平合戦の世界に当時の空気をたっぷり入れ込んだ。「リズム落語」で一世を風靡したが「湯屋番」や「たらちね」といった古典演目の音源も残っていて現在でも聴くことができる。

　その息子たちは、父の跡をついで落語家になった。長男が九代目林家正蔵、次男が二代目林家三平である。

（重藤　暁）

十代目

金原亭馬生

【きんげんてい・ばしょう】
昭和3年（1928）1月5日・生
昭和57年（1982）9月13日・歿

五代目古今亭志ん生(しんしょう)の長男である。本名、美濃部清。それまで娘しかいなかった志ん生としては待望の男子であったが、当時は貧乏のどん底であったため、祝いの鯛はおろか、産婆(さんば)さんに払う費用もない。仕方なく、これでも尾頭付きということで、鯛焼を買ってきて産婆さんに事情を打ち明けたところ、「生まれた子をお腹に戻すわけにもいかないでしょうし」と了承してくれたとの逸話が伝わっている。

旧制豊山第二中学校中退。その後、父志ん生の弟子となる。時節柄、予科練志望の時期もあったが大病のため諦めたとも、絵が好きで元来は画家志望だったが、戦時中のことと て徴用にとられて苦しい仕事に明け暮れていたところ父の志ん生が「落語家になれば戦地への慰問があって徴用から逃れられる」と勧めたともいわれている。昭和17年（18年とも）に入門、むかし家今松の名で前座を飛ばしていきなり二ツ目となったが、これはいわゆる「七光り」ではない。当時東京の落語界では戦争で落語家自体が少なくなっていたことに加え、もとは真打（しんうち）で看板を上げていたが不景気で前座に戻った年寄りがいたためである。二ツ目以上はいわゆる「割り」で客の入りに応じて給金が決まるが、前座と下座は固定給であるため、自分から前座に戻る例がかなりあったのである。こうした前座が楽屋の仕事をするはずもなく、二ツ目でありながら前座の仕事もこなさなければならないという、割に合わない出発であった。その後一時、古今亭志ん朝と改名するが間もなく今松に戻る。同23年に真打に昇進し、古今亭志ん橋と改名した後、24年に金原亭馬生を襲名する。

五代目以降の馬生代々は東西で錯綜している。副業から「おもちゃ屋の馬生」との通称がある五代目が大阪に居ついたために、「名古屋以西では名乗らない」との約束で後に四代目志ん生となる鶴本勝太郎が東京で馬生（六代目）を襲名した。ところが「おもちゃ屋」が大正9年（1920）に東京へ来たために混乱が生じ、一時はビラを赤字・黒字で分け「赤馬生」「黒馬生」と区別するなどの事態になった。その後鶴本が志ん生を襲名したため東京での「二人馬生」問題は解決したものの、大阪では「おもちゃ屋」の弟子（東京出身）が五代目存命中に六代目を襲名する。一方東京では、大阪に六代目が現役でいるままでその後七代目（五代目志ん生）、八代目（本名小西万之助、通称「ゲロ万の馬生」）ができる。さらにおもちゃ屋の弟子の六代目馬生が昭和15年頃に東京にやってきたところから混乱に拍車がかかった。東京にやってきたこの六代目馬生は「浅草亭馬道」と改名し、八代目馬生の歿後に改めて金原亭馬生を名乗った。本項の馬生はこの次の馬生にあたる。襲名時、父の志ん生は自分を七代目と数えて九代目として披露を行ったが、後には大阪の六代目馬生を九代目ともして代数に入れ、十代目馬生とすることになった。

落語家になってあまり間もない時期に父志ん生が満洲に渡り、更に敗戦も重なって辛酸をなめた。諸方へ稽古に赴いたが、中でも三代目柳亭燕枝（りゅうていえんし）から多くを学んだと伝えられている。この燕枝は八代目入船亭扇橋（いりふねていせんきょう）の実子で、音曲の大看板都々一坊扇歌（どどいつぼうせんか）（六代目）を経て三遊派の圓朝に匹敵する名跡である燕枝を襲名した人物。しかし良い腕を持ちながら身状が悪く、晩年は零落して無残な状態で世を去った。十代目馬生の持ちネタは広く、非圓朝系の人情噺「大坂屋花鳥（おおさかやかちょう）」なども演じたが、そこにはこの三代目燕枝や八代目桂文治といった演者との関連を窺うこともできる。

若くして大名跡を襲名し、その当時は親の七光りとの陰口も叩かれた。そのためもあって若年時の評価はあまり高くはなかったが、完成度よりも芸域を広げることに力を注ぐ一方、父の口調から抜け出すことに努力し、次第に独自の芸境を作り上げていった。昭和44年、芸術選奨新人賞を受賞。同48年、文化庁芸術祭優秀賞を受賞。53年から57年まで落語協会副会長を務めた。晩年食道がんを患ったが、「喋れない馬生は馬生じゃない」と手術を受けずに通した。

当初は父志ん生によく似ており、さきに触れたように評価も高くなかったが、ある時期から「父離れ」を意識して芸風を変えていった。戦前・戦後にわたって多くの観客を沸かせた父、また華麗な芸で若くしてスターとなった実弟の三代目古今亭志ん朝に挟まれるかたちとなって独自の芸境を模索した結果か、後年はしっとりと落ち着いた口調で柔らかい雰囲気の高座が特徴であった。一席物の落語だけでなく長編人情噺も多く手掛け、その真価を発揮している。弟の志ん朝が志ん生とは対照的と評された八代目文楽系統の演目を多く手掛け、一席ごとの練り上げに意を注いだのに対し、総合的な完成度よりもその場の出来で勝負する「出たとこ勝負」で演じる傾向があり、その面では、より父に近い芸質であったといえよう。弟子の五街道雲助（ごかいどうくもすけ）は、

金原亭馬生と云うと繊細、緻密な芸の様に思われていますけど、弟子の目から見る

とまるであべこべでしたですね。どんな大根多でも、又久しぶりにかける根多でも余り復習わずにかけてしまいます。まだ目黒に寄席があった頃師匠の真打で、楽屋で「何をやろうかなぁ」と考えている内に上がりの時間になりました。楽屋が地下でしたから、階段を上がりながら「うーん、そうだ、ちょうじちょうじ」と言いながら高座でいきなり「名人長二」を始めたのには驚きました。確かその日から何日か連続でかけました。その高座度胸には度々驚かされました。（五街道雲助ＨＰ）

と述べている。

私生活での酒好きは父譲りだが、父とは違って小さな器でチビチビ楽しむ飲み方で、酒の上での失敗はなかった。日常を和服で通し、俳句や書をたしなむ姿はそのまま芸になっていると評された。弟子にも荒い言葉遣いは決してしなかったと伝わっている。

演目の幅は広く、「たらちね」「子ほめ」といった前座噺、「青菜」「かぼちゃ屋」「長屋の花見」「千早ふる」「目黒の秋刀魚」といったポピュラーなもの、「火焔太鼓」「ぼんぼん唄」「二階ぞめき」「黄金餅」など父志ん生が得意とした演目、「鰍沢」「文七元結」「柳田格之進」といった人情噺系統の一席物など多岐にわたる。他に演じ手の少ない演目としては「船徳」の原型とされる人情噺「お初徳兵衛」、上方落語を原拠とする「白ざつま」「ざる屋」といった演目もよく演じていた。また圓朝系統の長編人情噺では「真景累ヶ淵」「江島屋騒動（鏡ヶ池操松影）」「怪談牡丹灯籠」「名人長二（指物師名人長二）」などを手掛けていた。

長編人情噺で特筆すべきは非圓朝系、特に柳派に伝わった長編物を薬籠中のものにしていた点であろう。初代談洲楼燕枝作「大坂屋花鳥（島衢沖白浪）」、初代古今亭志ん生から初代春錦亭柳桜（三代目麗々亭柳橋）に伝わった「切られ与三郎」などを演じている。こうした演目は父志ん生に加え、先に触れた三代目燕枝、また八代目桂文治といった昭和後半期に生き残った故老の口演を参考にしたと思しいが、明治・大正生まれの戦前派と、戦後入門した人々との貴重な橋渡し役となった馬生ならではの演目であったといえよう。これらの人情噺は現五街道雲助をはじめとして門下を中心に現在まで受け継がれている。残された録音・映像としてはCDで『馬生十八番名演集』（日本コロンビア）、DVDでは『落語研究会 十代目金原亭馬生全集』がある他、NHK放送などでの映像・音声が流通している。また藤井宗哲編『金原亭馬生集成』全三巻があり、全37席が活字化されている他、生い立ちや芸談が収録されている。

筆頭弟子は現金原亭伯楽。他に五街道雲助、十一代目金原亭馬生、吉原朝馬といった人々がいる。また、先年死去した古今亭志ん駒は父志ん生の最後の弟子だったがその歿後に馬生門下となり、昭和53年の落語三遊協会設立に際して古今亭志ん朝門下に移った。その際馬生から「弟について行ってやってくれ」と頼まれたとの話が伝わっている。

（今岡謙太郎）

五代目 柳家小さん

【やなぎや・こさん】
大正4年（1915）1月2日・生
平成14年（2002）5月16日・歿
人間国宝

大正4年（1915）に長野市で生まれた。本名は小林盛夫。3歳の時、一家で上京し、浅草の聖天横町の長屋で育つ。小学生の頃、「お話の時間」で発表するおとぎ話の語りが評判となったというエピソードがある。その頃から観客を惹き付ける魅力があったのかもしれない。都内を転々とし麹町へ引っ越す。学校の部活動で始めた剣道で活躍することができたので、剣道に熱中する。その後、法律事務所で働きながら東京市立商業学校の夜間部に入学した。画家に憧れていたが父親の死であきらめることになり、また病気のため剣道までも禁止されてしまう。16歳の時、事務所の先生に連れられ、落語を聴きに四谷の寄席(よせ)「喜よし」へ行く。初めて聴いた落語は楽しく、仕事が休みの日曜日には毎週寄席に通い詰め、昭和8年（1933）6月、18歳の時に四代目柳家小さん（25頁）に入門する。四代目小さんを選んだのは、新聞に四代目小さんは人格者であるということが書いてあったので「この人望のある人格者の弟子になろう」（『五代目小さんの昔ばなし』）と思ったからだそうだ。「おまえは栗に似ているから」との理由で、柳家栗之助という前座名になる。四代目小さんに心酔していたところ、「小さんに生き写しの影法師みたいな弟子がいる」という噂がたったことから、自分の師匠の四代目小さんよりも七代目三笑亭可楽（からく）から稽古をつけてもらい「時そば」「大工調べ」「猫久」「宿屋の富」「禁酒番屋」といった噺を教わった。前座の頃からうまいと評判で、五代目三遊亭圓生（えんしょう）（17頁）が「咄（はなし）のうめえやつは、こいつだ」と栗之助の名前を指差したエピソードも伝わっている。同11年1月に、前座のうちに徴兵され麻布三連隊に入隊。その部隊が翌年の2月26日、警視庁を占領した。世にいう二・二六事件である。この時、士気を高めるために「子ほめ」を演じるよう上官から命じられたという。のちに反乱に関わりがないということがわかり無罪となるが5月に満州に出兵、半年で日本に帰り、初年兵教育係になる。しかし教育係として関わった初年兵が笑い出してしまうなどしたため、兵器係へ回されてしまう。14年に除隊して落語界に復帰し、「小きん」で二ツ目昇進。五代目圓生の推薦もあり、「若手競演会」や「東宝名人会」に出演するようになる。18年に赤紙が届き、ベトナムで兵役を勤めた。終戦を迎えると中国軍の捕虜となり、日本に帰る船が来るまでの間、余興を担当、飛行機で各地を回り独演会を行うほどの評判となる。21年5月に帰国。四代目小さんから「おまえは十年遅れている」と発破をかけられ猛勉強して、22年9月、九代目柳家小三治（こさんじ）を襲名して真打（しんうち）に昇進することとなる。同月30日、真打披露興行の最終日に師匠の四代目小さんが心臓麻痺で亡くなり、八代目桂文楽（34頁）の預かり弟子になった。「文楽から受け継いだものといえば、社交術ということになるでしょう」と本人が述べているように、四代目小さんの許では学ぶことのできなかった人付き合いを学ぶこととなる。神田立花亭で「小三治を育てる会」を開くなど修業を重ね、25年9月に五代目柳家小さんを襲名することになった。27年からは毎月一回椙森（すぎのもり）神社（中央区）で「小さんと話す会」を2年間開催。その後毎月1回「小さん勉強会」を開く。これらが認められ「落語研究会」のメンバーとなり、28年ラジオ東京（TBSラジオ）の専属になる。38年精選落語会にて演じた「粗忽（そこつ）長屋」が第十七回芸術祭大衆芸能部門奨励賞を受賞する。「粗忽長屋」は四代目小さんから教わった噺だ。五代目小さんは「粗忽長屋」に関して、「「死んでいる」なんてことばは、けっして使っちゃいけない」「あとの三分の一が、勝負どころです。そこのところがいちばん肝心で、だんだんとたたみ込んで持ちこむ呼吸ですね。そして咄のテンポを速めて、客に隙を見せずに、ひと息にサゲまで持っていくこと」「そこのところを、自分が会得していかないてえとダメなんです」と述べている。

昭和47年に、落語協会の会長になる。同53年に落語協会分裂騒動もあったが圓生に対しても「落語界のためを思っての意見の対立だったので、お互いに個人的な憎しみがあったわけではありません」と述べているようにおおらかに対応する。55年に紫綬褒章、60年に勲四等旭日小綬章を受章する。永谷園のインスタントみそ汁「あさげ」のＣＭキャラクターに起用される。「うまいねぇ、これでインスタントかい？」と小さんが微笑みながらお椀を持っている姿は、テレビを通して日本全国に広まっていった。

平成7年（1995）に落語界で初めての重要無形文化財保持者（人間国宝）となる。晩年は、気が向いたら寄席にあらわれ、落語を一席やるという形で出演していた。平成14年に死去。目白に住んでいたことから、「目白」との通称があった。

五代目小さんは多くの弟子を育てた。鈴々舎馬風・柳家小三治・柳亭市馬といった落語協会の会長は三代続けて小さんの弟子だ。また落語協会から脱退し立川流を創設した立川談志も小さんの弟子である。息子の三代目三語楼が平成18年に六代目小さんを襲名した。柳家花緑は孫である。直弟子は30名を超え、孫弟子も含めると大きな一門を作りあげ、いまなお寄席や落語会では、小さんの直系の弟子をみることができる。

■

矢野誠一は、高座以外の日常の様子を以下のように語っている。

ぎりぎりに煮つめられ、選択された言葉にたよっているのが落語という藝の要諦で、つまりは無駄な言葉をはぶくということなのだが、柳家小さんというひとはふだんの場所でも、けっして無駄口をたたかなかった。それでいながら簡にして要を得たひと言がたくまぬおかしさを誘ったものである。

春風駘蕩を絵に描いたような人柄は、まるごと高座にあらわれて、落語という藝がそれを演ずる落語家の全人格を投影してしまうことを端的に教えてくれた。すぐれた藝人が持ちがちな狷介さに裏打ちされたあざとさが皆無で、ものごとをどうにかしようといったこざかしい思惑とまったく無縁のひとだった。

師匠である四代目小さんからのもっとも心に残っている教えは「一つの咄を、常にあらゆる角度から眺めていなければいけない」。

「小三治を襲名したときに師匠が亡くなったわけですが、そのころあたしは、笑いの多い咄をやって認めてもらわなければならないと思って、むやみにくすぐりを入れて笑いを取ることに努めました」。しかし「五代目小さんを襲名してからは、むやみに笑わせているだけでは仕方がない」「狸をやるときは狸の了見になる」。四代目小さんから受け継がれている「狸の了見になる」という教えは、五代目の小さんが確立して、現在、柳家の精神のひとつであろう。

また、三代目桂三木助（75頁）とは兄弟分の間柄で二人会を開催した。三木助から「長短」を教わり、「大工調べ」を教えたりしている。小さんの「長短」に出てくる気の長い人間のモデルは三木助である。三代目の息子は小さんに弟子入りし四代目桂三木助となった。

また落語の未来も案じており「落語協会自体を一つの会社にして、プロダクションにして、それで協会を通さなきゃ仕事ができないというシステムを作る」「自分の城を持てば、自分のやりたいことをやれます。そうすれば客が来ても来なくても、はなし家自体はなくなりっこない。なんかの形で稼げます。まず自分の城をこしらえるということがあっしの望みなんです」と述べている。

「あたくしとしては、どっちかと言うと、長屋物の方が好きですね。女と侍は苦手で、どうも旨くいかない。長屋の熊さん八ッつぁんの出て来る噺が、一番演りいい」（「五代目柳家小さん聞書」『柳家小さん集』）といっているように四代目小さんから継承した「粗忽長屋」「ろくろ首」「芋俵」「かぼちゃ屋」、三木助から教わった「長短」、七代目可楽から教わった「大工調べ」、八代目可楽（94頁）から教わった「親子酒」、小半治から教わった「うどん屋」といった庶民が活躍する長屋ものを得意としていた。

五代目小さんの音源も多く残されており、落語研究会で収録された高座の様子をはじめ映像も多数発売されていて、今なお小さんの芸を味わうことができる。内弟子修業をした柳家小里んの『五代目小さん芸語録』にはひとつひとつの噺に対する小さんのアプローチが書かれており、小さんの内面を知ることができる。

（重藤　暁）

三代目
古今亭志ん朝

【ここんてい・しんちょう】
昭和13年（1938）3月10日・生
平成13年（2001）10月1日・歿

昭和13年（1938）、東京の駒込に生まれる。本名は、美濃部強次。父親は五代目古今亭志ん生（44頁）で、10歳年上の兄は後の十代目金原亭馬生（110頁）である。

「三月十日は、陸軍記念日だったので、その日に男の子が生まれたというので、名古屋にいた父親の志ん生は大喜びだったという」「生まれる数日前から志ん生はお産のことが気になって、高座へあがると「桃太郎」ばかりやっていたそうだ」（『名人名演落語全集第十巻』）というエピソードが残されているほどで、兄の馬生は「弟が生まれてからかなり明るくなりました」（『世の中ついでに生きてたい』）と回想するように、父親である志ん生から可愛がられ育てられた。

幼少期の生活について「近所の同じ年頃の友達と遊ぶとね、その子のうちに行くでしょ、すると全然うちの生活と違うんだよね」「昼間遊びに行っても、よその家にはお父さんがいない、夕方になって帰ってくる。でも、あたしの家には、いつでも昼間に親父（五代目古今亭志ん生）がのそのそいる。日の暮れ方になると、出てくる」「何より、親父が出かけるとき、おふくろが切り火をする、これは芸人のうちならではなんだろうね。だから、妙なうちなんだな、と思っていた」（『世の中ついでに生きてたい』）と述べているように、噺家（はなしか）の家に生まれたということを徐々に理解していった。

父の志ん生に連れられて子供の頃から歌舞伎を観るようになるとその雰囲気に魅了され、中学から高校にかけては自分のお金で歌舞伎に通うようになる。将来は歌舞伎役者になりたいという願望が芽生え、もし歌舞伎役者になれなければ、新国劇の役者や喜劇役者になりたいとも考える。その一方高校でドイツ語を勉強していたことから外国に行きたいということもあり外交官になりたいとも思っていた。高校卒業後、大学の演劇科を目指し浪人している時に、志ん生から「噺家ならどこへでも行って、ひとりでできるから、そっちのほうがいい」（『世の中ついでに生きてたい』）と口説かれたことで噺家になることを決意。

昭和32年2月に父親の志ん生に入門し、父親の前座名であった朝太（ちょうた）を名乗る。普段から着物を着ていて、唄や踊りが幼少の頃から好きだったこともあってか、朝太時代から頭角をあらわすこととなる。

「彼の噺を聞いた私は、その高座ぶりに圧倒された。これが二、三日前に噺家になった男とは、にわかに信じられないほど堂々と演じているではないか。いままで私は、この人ほど上手い初高座にぶつかったことはない」「ポンポンポンポン科白が飛び出す口調のよさ。なにより強烈な印象を受けたのは、その声の大きさだった。上手く演ろうとは決して演じていない。それなのに上手い」（『現代落語家論』）と川戸貞吉は当時の様子を述べている。

二年間の前座を経て、昭和34年3月に二ツ目昇進、昇進後すぐに東宝演芸場ではじまった『落語勉強会』の初期メンバーに選ばれる。柳家小ゑん（立川談志）や三遊亭全生（五代目三遊亭圓楽）もメンバーに選ばれていたが、第一回目の『落語勉強会』では志ん朝がトリで出演することとなり「大工調べ」を披露。また同年5月には本牧亭で『古今亭朝太の会』をスタートさせ、毎月三席を覚え披露するなどして精力的に活動する。と同時に36年からはNHKのテレビドラマ『若い季節』にも出演する。このように噺家として飛躍しマスコミに出演し顔が知れわたってきていることもあり、入門からわずか五年で抜擢され真打に昇進することとなる。これは小ゑんや全生といった先輩よりも先に真打に昇進することから「病に倒れた志ん生の無理押しで」（『現代落語家論』）真打に昇進したと心ない声も上がるが、37年に堂々と真打に昇進する。昇進後は、志ん朝の名前がつけられたテレビのバラエティ番組の出演やCMにも起用され、志ん朝の名前は全国区へと広まっていく。三木のり平の一座にも加わり芝居に出演、また映画にも出演したりと活動の幅を広げていった。

もちろんその間も精力的に大きな落語会を開き続ける。特筆すべきは、まず昭和44年から49年まで五代目春風亭柳朝（りゅうちょう）（89頁）との『二朝会』。弟子の初代古今亭志ん五によれば「師匠はそれを機に、仕事を整理したね。できるだけバラエティの仕事は減らして、落語と芝居に集中していった」（『よってたかって古今亭志ん朝』）と述べている。

次に昭和51年から57年の三百人劇場での『志ん朝の会』。56年には「志ん朝七夜」と題して、4月11日から17日までの七日間を毎日演目をかえて17席演じた。志ん朝も並々ならぬ決意で臨んだ会のひとつであり、この頃の志ん朝の稽古は凄まじいものであったと弟子の八朝は語っている。「まず、資料を買い揃えておいて、三、四日の間は家に閉じこもりっきりでね。起きて食事を終えると、稽古。で、たまに気分転換に下へお茶を飲みに降りてきて、また、稽古。この間の睡眠時間は三、四時間だったんじゃないかな。髭も剃らずにね」（『よってたかって古今亭志ん朝』）。

そして大須演芸場（名古屋市）の経営不振を助けるために平成2年（１９９０）から11年まで毎年三日間連続で行った「古今亭志ん朝独演会」。志ん馬は「東京の時とはちょっと雰囲気の違った、どこかアットホームな感じの会でしたね。師匠も三日間は本当に楽しそうでしたから」（『よってたかって古今亭志ん朝』）と回想している。

その一方落語界の内部抗争では、苦汁をなめたということもできる。落語協会の「大量真打」に反対し落語協会を脱退し昭和53年に落語三遊協会に参加したが、席亭からの理解が得られず、のちに落語協会に復帰する。志ん朝は内部抗争に巻き込まれてしまった。この落語協会分裂騒動も「圓生師匠から、これからさき学ぼうと思うことがいっぱいあった」（『世の中ついでにいきていたい』）と志ん朝が言っているように、志ん朝の芸を追求する純粋な思いによって突き動かされたものだと解釈することもできるのではないであろうか。

■

志ん朝の最後の寄席への出演は浅草演芸ホールでの八月中席（11～20日の期間の興行）である。この興行では大喜利（おおぎり）に八代目雷門助六（145頁）から習った「かっぽれ」などを中心に落語家連中が踊る「住吉踊り」が行われた。これは志ん朝が定着させたライフワークとしていたものだ。この年の「住吉踊り」への出演は病院から通い、楽屋でも横になっていた。数日間しか出演できないかもしれないということだったが、結果10日間出演を果たす。そしてその40日後の平成13年10月1日、63歳で他界する。矢野誠一は毎日新聞に「古今亭志ん朝は、父志ん生がそうであったように、なにをどうしゃべっても落語にしおおせてしまう魔力をそなえていたと言っていい。技術においては父をしのげた志ん朝にとって、高座にさらけ出す人格の完成という面で、これから父に迫ろうという課題を残して倒れた無念を思うと、胸が痛い」(「さようなら　昭和の名人名優たち」)と追悼している。

現在でも池袋演芸場で行われている「二ツ目勉強会」を発案したことでも知られていて、落語界の発展を願っていたことがうかがえる。

■

志ん朝は出囃子(でばやし)の「老松」で高座にあらわれると案外ゆっくりと語り始める。その一言目から心地好い。心地好い理由はもちろん声質や声量といったこともあるが、枕に「えー」や「うーん」、語尾の「ね」といった言葉を挟み込むことにより客席の隅々まで届くよう情報量を調整しているからかもしれない。そして落語本編が始まれば先ほどまでの「えー」「うーん」といった言葉が消え、スピード感のある噺運びとなる。志ん朝の特徴ともいえる「えええ」という特有の抑揚がついた言葉によって噺にリズムが生まれサゲまで駆け抜けるのだ。

演芸評論家の保田武宏は「父親志ん生のテンポを早くしたような、軽快な語り口に加え、志ん生とは違って細かい描写にも気を配った芸風を作り上げた」（『名人名演落語全集』）と述べている。常に父親であり師匠である志ん生と比べられる宿命を背負った志ん朝だからこそ「うちの親父の咄をやるときに一番注意しているのは、このクスグリはおれが言っておかしくないか、ここの調子はあたしが真似て不自然ではないかというところです」（『世の中ついでにいきていたい』）と述べていて、例えば志ん生が得意としていた「火焔太鼓」では「道具屋の人物が、うちの親父の咄を聴いているとスーッと浮かんでくるんですよ。とてもおかしい人間でね。あたしの場合、調子で笑わせようとか、あるいは妙な口の利き方とか、すっとぼけた声を出すとか、ほかのことで一生懸命苦労してやってたんですけども、『なんだそうか、これはそれなりの人物が出てないのが笑いに結びつかないんだ。だから言うことがなんか不自然になるんだ』と。そう感じたら、とたんに親父の言ってるクスグリが全部言いやすくなった」（『世の中ついでにいきていたい』）と述べているように、常に志ん生を踏襲しながら研究を重ねていた。また自身が傾倒していた八代目文楽の得意ネタ「明烏」「愛宕山」「船徳」も志ん朝は工夫を凝らし自分のネタにしている。「居残り佐平次」「文七元結」「酢豆腐」「干物箱」「堀の内」なども志ん朝は持ちネタにしていた。リアルタイムで志ん朝を味わった落語ファンはひとつひとつの演目に深い思い出があるのではないだろうか。弟子に志ん橋、志ん輔、右朝などがいる。

三百人劇場での「志ん朝の会」の音源は、志ん朝が生前に発売を許可したことでソニーより『落語名人会　古今亭志ん朝』として発売されている、またＴＢＳ落語研究会で収録された映像は『古今亭志ん朝全集』として発売されている。現在でも志ん朝の珠玉の芸の一端に触れることができるのだ。

（重藤　暁）

七代目 立川談志

【たてかわ・だんし】
昭和11年（1936）1月2日・生
平成23年（2011）11月21日・歿

昭和11年（1936）、東京府小石川区（現文京区）で生まれる。本名は松岡克由（かつよし）。幼少期から本を読むのが好きで貸本屋に通い続けていた。戦時中は疎開して、9歳で終戦をむかえ東京に戻る。この間もずっと本を読んでいた。当時は『少年講談集』や『評判講談全集』に夢中になり、『落語全集』や『評判落語全集』を読み続け、小学校の授業中も『落語全集』を読み続けたほど落語に夢中になっていた。初めての寄席（よせ）は小学5年生の時、伯父に連れられていった浅草の松竹演芸場。中学に入っても寄席通いを続け、14歳の時には落語家になる決心をしたようだ。そして同27年高校を1年で中退し、16歳で、五代目柳家小さんに入門する。入門時に「小さんに弟子入りした日に、小三治という名前をくれといった」

（安藤鶴夫「わたしの寄席」『安藤鶴夫作品集Ⅱ』）ようだが、五代目小さんの前名の「小三治」を名付けられることなく、本名の克由にちなみ、柳家小よしという前座名をもらう。初高座はこの年の4月の新宿末広亭での「浮世根問」。

その後昭和29年3月、柳家小ゑんで二ツ目に昇進する。湯浅喜久治がプロデュースした正統派落語家の若手を集めた落語会「若手落語会」のメンバーにも選ばれる。小ゑんは安藤鶴夫に以下のように激賞されている。

小ゑん（十九）の〝首提灯〟も噺の足取りのいいことと歯切れのいいのに感心した。少し力みすぎて世話講談のようなところもあったが、聞き込んでくるうちに浅黒い小ゑんの顔が三十ぐらいの年配に思えてきたのは芸の力であろう。

（「若手落語会」「わたしの寄席」『安藤鶴夫作品集Ⅱ』）

小ゑんの「反対俥」の映像は残されていて見ることができるが、確かに歯切れがよく聴いていて気持ちがよい。落語で頭角をあらわした一方で、「寄席にばかりしがみついていたら絶対落語は駄目ンなる。これからはマスメディアを利用して、外へ打って出るべきだ」（川戸貞吉「四天王余聞」『名人名演落語全集　月報2』）と言っていたようで、民放のラジオ局に出演するようになる。洋服を着てスタンドアップコメディスタイルで、キャバレーを一晩に数軒も掛け持ちしていたという。

昭和38年4月に小ゑんは真打に昇進する。小さんから「柳家つばめ」の名前を勧められるも断り、立川談志を襲名する。立川談志という名前は幕末から数えて7人が名乗っていることが確認されている。皮肉屋としても伝わっている「花咲爺」の三代目や、「釜堀り」を当たり芸とした珍芸四天王の一人でもある四代目、「反対俥」や「締込み」を得意とした六代目が有名ではあるが、当人は五代目と名乗った。同40年からは紀伊国屋ホールにて「立川談志ひとり会」をスタートさせる。この頃「若手四天王」の1人として評されるようになった。41年には『笑点』の立ち上げに関わり、大喜利の初代司会者となる。笑点は現在50年以上続いており、小ゑんの時にいっていた「マスメディアを利用して、外へ打って出るべきだ」ということを体現したものの一つであろう。談志は積極的にマスメディアに登場して世間を騒がせた。落語家で初めて国会議員になった。44年、衆議院選挙に出馬して落選したものの、46年の参議院選挙に全国区で出馬したところ当選する。その後沖縄開発政務次官も務めたが、次の選挙には不出馬、参議院議員は一期で終える。もちろん国会議員になっても寄席や落語会には出演を続けていた。

昭和58年、落語協会の真打昇進制度について異議を唱え、師匠である小さんが会長を務めていた落語協会を脱退し、落語立川流を設立する。落語協会を脱退したことで寄席に出られなくなったため、ホールで開催される落語会を主戦場とした。

平成23年（2011）11月死去。死去が発表された日、スポーツ新聞の一面には、大きな見出しで「談志が死んだ」と書かれた。「落語界の風雲児」「天才落語家　破天荒人生に幕」という言葉ともに、トレードマークであったバンダナを巻いた高座写真が掲載されることとなる。入門してから亡くなるまで談志は落語で観客を魅了し続け、談志というパーソナリティで周りを驚かせ続けたのである。

劇的な落語家人生の裏には、一つのドラマが隠されている。真打昇進では、後輩の古今亭朝太（古今亭志ん朝・124頁）に談志は追い抜かれてしまったのだ。追い抜かれた当時の様子について末広亭の席亭（寄席の主）で大旦那と呼ばれていた北村銀太郎は以下のように振り返る。

談志が志ん朝に追ひ抜かれたときなんか、大変な騒ぎだつたよ。談志のやつ、泣きじやくつちやつてくやしがつてね。当時談志は小ゑんと言つて、志ん朝は朝太だ。おれは芸の力ぢや朝太に負けちやゐない。落語の世界にも閥があるのかつて、それは荒れたもんだ。

（『聞き書・寄席末広亭』）

落語協会を脱退した背景に、この真打昇進時の問題があるともされているが推測の域を出ない。しかし、この一件以降、談志と志ん朝はライバルとされた。

志ん朝と言へば、談志といふほど、この七代目、一説に四代目、五代目とも数へられる俊才にも、私は期待したい。私は談志のやさしさが好きなのである。やさしさと言つて悪ければ、テレ隠しの高座が好きなのだ。この点で、談志は三代目金馬に近い。しかし、私なりに危惧するのは、彼が自らに担つた〝屈折〟に足もとをすくひとられ、虚像が虚像でなくなつたとき、ほとんど彼のもつ意味も無化状態に陥るだらう点にある。しかも、彼の存在には一つの皮肉がある。若き二ツ目時代に早くもライバル視した志ん朝の本格芸がさらに磨きをかけられて光るほど、談志自身の存在もまた光を増すといふアイロニーがそこにあるのだ。それには何をさておき、談志自身が内に抱へた〝狂気〟の炎を悪無限に燃やしつづけてゐなければならない。

（『聞き書・寄席末広亭』）

周りから右記のように見られていただけでなく、談志自身も志ん朝を良きライバルとしていたのは確かであろう。■

談志についての批評を探すと、絶賛と批難が入り乱れていることがわかる。

立川談志という落語家は天才肌なのである。天才肌であって、本当の天才といいきれるところまで行っていないあたりが、談志の談志たるよさで、そこがすこぶる人間くさくうつるのだ。

おそらく、いま、落語という芸のことを彼くらいよくわかっているひとはいまい。わかっているばかりでなく、好きなひともいないだろう。落語がわかっていて、好きだから、うまいのは当然すぎるほど当然で、事実また、うまいのである。ただ、客というものは、これも当然すぎるほど当然のはなしだが、みんな落語に対して、素人なのである。素人だから、談志ほどには落語がわかっていなくて、談志ほど落語が好きじゃない。だから、高座と客席のあいだに微妙なギャップが生じてくる。そのギャップが談志憎しの感情に変わるのに、さしたる時間はかからない。

（にっぽん芸人気質』）

「文楽師匠の芸なら、三日あればやりますよ。ええ、やれって言われりゃやってみせます」と、広言してはばからない談志には、組み立てた噺を芸に仕上げる昇華の部分が解らなくなってしまっている。少なくともいまの談志はそれを忘れてしまっているのではないかと、ぼくは思う。

酔った談志に落語論を吹っかけられて、おれの方が、なァ、ずっと論理的だろうと、連れの女に談志が声高に言いながら帰って行くのを、なんとも味気ない思いで見送っていたことがある。論理や筋道では律しきれないナニカが、落語だということ、それが芸なのだということを、もうわかり得ない者に談志はなったのかと、哀れだった。

デテールの集積から一席のうまい噺が出来上がるものだと錯覚している。うまくなるということは、決してそのようなものではない。

（大西信行「志ん朝有情」『落語無頼語録』）

出囃子の「木賊刈（とくさがり）」が流れ場内は緊張感に包まれる。なにか思案した顔で舞台に登場した談志は座布団の上で一度姿勢をただし、そして深々と頭を下げる。顔をあげ、おもむろにやや嗄（か）れた声を発する。「まくら」から独特であり刺激が強い。晩年の高座では「まくら」を語りつつも、なにかを談志は思案している。そして噺がはじまると、談志はより一層なにかを思案するような表情になりつつ観客の価値観を揺さぶるよう演じる。「らくだ」「鼠穴」「富久」「やかん」「主観長屋（粗忽（そこつ）長屋）」、談志の年末の風物詩ともなった「芝浜」、講釈ネタの「慶安太平記」……。すべて談志がひとつひとつ落語家人生を賭けて取り組んだネタであり、談志独自の解釈や談志の補助線に大きく頷き、おおいに考えさせられるのだ。談志は門弟も多く、土橋亭里う馬・左談次・ぜん馬・龍志をはじめとして、志の輔・談春・志らく・談笑など芸風も様々である。また素人コースでは、ビートたけしや高田文夫を弟子とした。

談志は数多くの著作を残していることも、特筆すべきことであろう。入門してわずか13年で『現代落語論』を刊行。その後昭和60年に刊行された『あなたも落語家になれる　現代落語論其2』では「落語とは、ひと口にいって「人間の業の肯定を前提とする一人芸である」といえる。なら業の肯定がある一人芸であればそれはすべて落語なのか、と問われれば、私は〝そうだ〟と答えている」と述べていることはあまりにも有名だ。「落語とは」と定義づけた功績と、「業の肯定」とすることによって落語の内容をメディアに流通させやすくしたのだ。「業の肯定」は生涯談志落語の根幹のテーマであった。

談志は「落語とはイリュージョンである」とも唱えた。イリュージョンとは「人間の業の最たるものかもしれません。そこを描くことが落語の基本、もっと言や、芸術の基本だと思うようになった」と言っている。イリュージョンについていまだ解明されていない点も多く、現時点では、イリュージョンという言葉は昭和61年に山本七平氏が談志に伝えたのではないかと筆者は推し量っている。

イリュージョンというのは、空想的枠組みの中に現実の断片をはめこんでいくんです。つまり、それが現実の出来事なのか、空想の世界なのか分からなくしてしまうやり方です。

（立川談志『家元談志のオトコ対決十一番』）

イリュージョンという新しい落語の切り口を提示することで、落語の新しい魅力を観客に気付かせ、落語を他の芸能や芸術と並列化させようと試みた。イリュージョンを提示した理由には、末広亭の大旦那・北村の見立てのようにライバルである志ん朝へのアンチテーゼがあったのではないだろうか。だからこそ、『立川談志遺言大全集(13)』の『志ん朝へ』という古今亭志ん朝への追悼文で、わざわざ志ん朝落語と談志落語の違いに迫り「落語とはイリュージョンである」としてある。イリュージョンは解明されていないが、いまなお多くの落語ファンを惹き付けているのだ。

その後『談志　最後の落語論』では、「江戸の風」ということを述べている

寄席という、独特の空間で、昔からある作品を江戸っ子の了見で演る。己のギャグ、自我、反社会的なこと、それらを江戸の風の中で演じる。非常に抽象的だが、そう

としか言えまい。「江戸」という〝風〟〝匂い〟の中で演じるということだ。ライバルであった志ん朝亡き後の談志の苦悩から生まれた言葉とも読み取れるのではないだろうか。

このように落語の切り口を提示し、落語のキャッチフレーズをつくり、そしてその言葉を流通させたことは、談志の大きな功績の一つであろう。また談志の生き様はドキュメンタリーとして映像に残されている。膨大な著作や音源・映像を残したことで、談志は同時代の落語ファンのみならず次世代の落語ファンをも魅了し続ける存在である。（重藤　暁）

まだいる江戸落語の名人たち

三代目 三遊亭小圓朝

【さんゆうてい・こえんちょう】
明治25年（1892）―昭和48年（1973）

歌舞伎や能といったジャンルと異なり、落語においては幼少時からの修業が利点となることはあまりない。そのためもあってか親・子・孫といった形で代々にわたって落語家となった例はあまり多くない。その中で三代目三遊亭小圓朝は祖父の代から落語家という家系に生まれて自身も落語家になっている。

父は三遊亭圓朝の高弟、二代目三遊亭小圓朝で、祖父は圓朝の兄弟子になる三遊亭圓麗である。東京下谷（台東区）に生まれ、16歳で父に入門し朝松となる。1年余りで二ツ目になって小圓治と改名。若手落語家の勉強会である「養成会」で評価を得るが、この前後、父二代目小圓朝が幹部を勤めた演芸会社が失敗して旅回りに出ることとなる。この時、後に五代目古今亭志ん生（44頁）となる朝太も同行していたが彼を聞いた小圓治は「これは将来良くなる」と父に語ったという。

2年ほどの旅から帰京した後、橘家圓之助で真打昇進し、四代目橘家圓蔵の一門に預けられる。大正11年（1922）5月、四代目三遊亭圓橘を襲名。本人談では「真打になるに際していい名前がない」と父小圓朝が漏らしたところ、名人四代目橘家圓喬未亡人が「圓喬をあげよう」といったが高名に恐れをなして襲名は遠慮したとのことである。若い頃から圓喬に似ているといわれ、噺の巧さは周囲も認めていた。ただ、小柄で地味な芸風で一般的な人気には乏しかった。正岡容は「錦だが、あまりに小さくて煙草入れだ」といった意味の評を記している。昭和2年（1927）3月、三代目三遊亭小圓朝を襲名。同18年5月、当時講談落語協会会長だった六代目一龍斎貞山の無理押しで船勇亭志ん橋と改名するが22年3月に小圓朝に復名している。戦後は落語協会に所属、骨格正しい芸だけに多くの若手が稽古に通い、また東大落語研究会の指導役として多くの学生にも稽古をつけた。

父の二代目小圓朝をはじめ、四代目橘家圓喬、四代目橘家圓蔵、三代目柳家小さんといった名人たちに学び、落語の本道ともいえる正統的な芸を継承した人物であった。淡々と運びながらも絶妙な間合いとしっかりした人物描写で江戸前の味を出した。一方で小味な寄席向きの芸で、大人数のホールなどには向かなかった。直接稽古を受けた六代目柳亭燕路は稽古の際「三日間ふきだして怒られたことがある」「それで、あんなおかしい噺が、小圓朝師匠がトリに上がった時に演ったんですが全然うけないんです」と語っている。

「そこつの釘」「富士まいり」「しの字嫌い」といった比較的軽いものから「三味線栗毛」「文違い」などまで幅広い演目を持っていた。中でも「あくび指南」「笠碁」など細かい表情、しぐさの生きる演目は高く評価されている。一方で若い時分には圓朝の長編物などもよく演じていたといわれ、「お蝶の伝（操競女学校）」「福禄寿」など他の演者があまりやらない演目も持っていた。活字では『三遊亭小円朝集』『古典落語　金馬・小円朝集』があり、CDでは『昭和

の名人 古典落語名演集 三代目三遊亭小圓朝』⑴〜⑶がある。

門人にいずれも故人となった三遊亭朝之助、三遊亭圓之助がおり、朝治から五代目三遊亭圓楽門下に移った現六代目三遊亭圓橘が現存唯一の弟子である。

八代目 春風亭柳枝

【しゅんぷうてい・りゅうし】

明治38年（1905）——昭和34年（1959）

音曲で売れた四代目柳家枝太郎の子として生まれる。大正9年（1920）四代目春風亭柳枝に入門、枝女太となる。翌年同名で二ツ目に昇進し、同12年正月には睦ノ太郎と改名。14年4月、柏枝となって真打に昇進。昭和9年（1934）11月に柳亭芝楽となり同18年3月、八代目春風亭柳枝を襲名。実際は七代目にあたるのだが、柳枝の名跡は通称「ごみ六」と呼ばれた五代目が一代とばして「六代目」を名乗ったため、以後一代ずつ多く名乗ることになった。軽い、いかにも落語家らしい持ち味で寄席、放送またお座敷で人気を集めた。同34年9月23日、ラジオの公開放送で「お血脈」を公演中に脳溢血を発症。そのまま帰らぬ人となった。

真面目で慇懃な人柄で仲間内では本名から「お結構の勝っちゃん」と呼ばれた。その人柄がそのまま高座に出たような芸風で、どの演目も破綻なく、笑いのツボを外さなかった。五代目三遊亭圓楽はこれについて「（ツボを）ひとつとしてはずれていないのは、並の芸当では出来っこはありません」と語っている（『現代落語家論』）。三代目三遊亭金馬とはまた違った意味で落語の教科書と呼ぶことができよう。持ちネタはどちらかといえば軽い、滑稽ものが多く、

「熊の皮」「胡椒のくやみ」「宗論」「ずっこけ」「花色木綿」などの評価が高い。やや長めの演目としては「甲府い」「王子の狐」「搗屋無間」「大山詣り」などが挙げられる。また「野ざらし」は同世代の三代目柳好が得意中の得意として売り物にした演目だが、柳好と異なって本来のサゲまで丁寧に演じており、当時の若手は競ってこの柳枝の「野ざらし」を稽古したがったという。

後進の指導にも熱心で、自宅に高座のついた稽古部屋を設け、前座や二ツ目に下座の稽古、落語の稽古をつけていた。録音で聞くことのできる演目に「王子の狐」「大山詣り」「かつぎや」「喜撰小僧」「狂歌家主」「金明竹」「熊の皮」「甲府い」「子ほめ」「五月幟」「山号寺号」「締め込み」「宗論」「十徳」「ずっこけ」「節分」「高砂や」「たらちね」「搗屋無間」「二人癖」「野ざらし」「花筏」「花色木綿」「宮戸川」「元犬」「四段目」があり、速記としては『八代目春風亭柳枝全集』がある。

八代目 雷門助六

【かみなりもん・すけろく】

明治40年（1907）―平成3年（1991）

六代目雷門助六の長男。明治45年（1912）に小助六の名で初高座。いわゆる子役で、小ばなしと踊りで高座を勤めた。その後小学校に上がって高座から遠ざかるが、その間も踊りと落語の稽古は続け、父の巡業にもついて回った。その後五代目柳亭左楽の身内となって小助六のまま改めて寄席に出た。17歳の時に睦ノ五郎と改名、真打格となる。後に八代目柳枝となる睦ノ太郎、奇術の胡蝶斎の息子睦ノ三郎（後に舞踊家に転向）と同時の披露であった。昭和3年（1928）、父の助六が睦会を脱退し「研成会」

という派を立ち上げた際行動を共にし、雷門五郎と改名、改めて真打披露を行った。その後研成会解散となって睦会に復帰、この頃三遊亭歌奴（二代目三遊亭圓歌）、柳亭芝楽（八代目春風亭柳枝）、橘家圓蔵（六代目三遊亭圓生）浮世亭信楽の五人を集めて「五大力」を結成。

昭和9年に父六代目助六が逝去するが、この頃から落語より軽演劇への指向を強め、「雷門五郎ショー」の一座を作り浅草などの劇場で公演を行う。同12年には「雷門五郎劇団」を立ち上げ、京阪を中心に巡業。大阪では新興キネマ演芸部に所属した。19年に召集され、大陸で敗戦を迎える。

戦後もしばらくは五郎劇団で活動を続けたが、八代目桂文楽（34頁）の勧めもあって昭和31年7月に日本芸術協会（落語芸術協会）に加入。38年10月に八代目雷門助六を襲名する。56年、勲五等双光旭日章、61年に文化庁芸術祭賞受賞。

軽妙な語り口で、「長短」「片棒」「仕立ておろし」「宮戸川」などを得意とした。ことに踊りと音曲の素養を生かした「虱茶屋」「七段目」といった演目は余人にない味を出していた。他に「かっぽれ」「人形ばなし（二人羽織）」「住吉踊り」「松づくし」など踊りを中心とした寄席芸を後進に伝えた点は見逃せない。また自身の考案による「あやつり踊り」は現在でも寄席芸のレパートリーに欠かせないものとなっている。

弟子には九代目助六、四代目春雨や雷蔵、二代目雷門福助、雷門喜助らがおり、役者として吉本などで活躍した雷門禄郎、子役で有名だった雷門ケン坊も門下であった。自伝に『助六ばやし』がある。

柳家金語楼

【やなぎや・きんごろう】
明治34年（1901）――昭和47年（1972）

落語というジャンルを飛び越えて幅広く世間の耳目を集めたスターであった。後年は喜劇人協会会長を務めたこともあって落語家という印象は薄くなったが、落語界に対する影響などを考えるとやはり逸せない人物といえよう。

東京芝の葉茶屋「山下園」の長男として生まれる。明治40年（1907）に二代目三遊亭金馬（51頁）門下となって少年落語家三遊亭金登喜として初高座。この時父も同じ金馬門下となって金勝となっている。いわゆる子役で、落語より盆と扇を使う踊りで人気を取った。44年頃に小金馬と改名、その後三代目柳家小さん門下に移り大正9年（1920）6月、柳家金三と改名し真打昇進。

大正10年、徴兵検査で甲種合格。朝鮮羅南73連隊に入隊するが間もなく発熱。病気のためとも投薬過多のためとも伝わるが、この折に頭髪が抜ける。後年この禿頭はトレードマークとなった。当時の軍縮機運もあって一年で除隊となるが、この軍隊時代の体験を元にした自作「落語家の兵隊」で一躍人気を得る。その後も自作の新作落語を中心にスターの道を邁進。関東大震災後は初代柳家三語楼との一座が多くなり、弟子分となって同13年6月柳家金語楼と改名。金語楼の名は二代目小さんの後名、禽語楼に由来するもので、改名時には二代目小さんの遺族また三代目小さんから了承を得ている。

才気煥発に加えて豊かな表現力、また笑いを先取りするセンスで寄席芸の範疇を超える活躍を見せた。昭和5年（1930）、日本芸術協会（落語芸術協会）を六代目春風亭柳橋（56頁）とともに設立、副会長となる。同13年には当時東京への進出著しかった吉本興業部の所属となり、漫才の横山エンタツ・花菱アチャコ、ボーイズの川田晴久、三味線漫談の柳家三亀松と並ぶスターとなる。吉本との関係もあって寄席の高座から舞台実演、また映画の出演が多くなり同15年には金語楼劇団を結成、17年からは鑑札上も喜劇俳優となる。

　戦後は舞台、映画だけでなくテレビ初期からのタレントとしてＮＨＫ『ジェスチャー』をはじめドラマ『おトラさん』（ラジオ東京テレビ・後のＴＢＳ）の脚色・主演、徳川夢声との『こんにゃく問答』など数々の番組に出演して当時のテレビ界を支えた。一方で落語界とも繋がりを保ち、有崎勉のペンネームで「酒は乱れ飛ぶ」「バスガール」「アドバルーン」「ラーメン屋」など数百にのぼる新作を次々と発表、その多くは後進に引き継がれた。昭和42年、紫綬褒章を受章。43年からは日本喜劇人協会会長を務めた。

　声音だけでなく顔面の表情、自分の禿頭なども駆使して表現する芸風で一部では邪道視する向きもあったが表現力は抜群であった。五代目春風亭柳昇（しゅんぷうていりゅうしょう）は戦後、若手の勉強会で接した金語楼について「上手い（うま）」の一言に尽きると述べ、

> 今迄、今輔師匠を上手いと思っていたが金語楼師匠を聞いたら失礼ながら月とすっぽんなのである。えらい違いなのだ。普通落語と言えば、クスグリ（ギャグ）で笑わせるのだが、金語楼師匠のはクスグリと共に人物が出るのだ。

と表現している（『与太郎高座』）。

　私生活では大変な艶福家で、若い頃は金語楼の座敷というと売れっ子の芸者たちが小走りに行ったという（「金さまの思い出」『色川武大・阿佐田

哲也エッセイズ２』）。晩年まで本妻の他複数の女性と家を持ち、間に生まれた子を養育していた。

寄席演芸界では破格の売れっ子であったため一門に属した人の数は多いが子飼いの弟子といえる存在は少なく、また色物的色彩の人が多かった。東京漫才の草分けとされるリーガル千太（もと柳家緑朗）・万吉（もと柳家悟楼）はその代表的存在である。実弟に先代昔々亭桃太郎、子にテレビプロデューサーから文芸評論家となった山下武、ロカビリー歌手の山下敬二郎、女優の有崎由見子がいる。

東京における「上方ばなし」の人々

戦前のある時期から戦中にかけて、上方の寄席演芸界は吉本興業部がほぼ一手に取り仕切っていたといえよう。漫才に代表される新興の演芸を発展させ一大王国を築いた吉本だったが、その中で落語は徐々に冷遇されるようになり、戦禍もあって戦後の上方落語界が非常に厳しい状況に陥っていたことは本書6頁～に詳しい。

落語界の東西交流は大正以前から連続して行われており、東京において上方落語の面白さを伝えた芸人の数はかなりにのぼる。ここではそうした流れの上に位置する落語家を取り上げてみたい。

桂小文治

【かつら・こぶんじ】

明治26年（1893）―昭和42年（1967）

大阪生まれ。14歳で二代目桂文團治（七代目桂文治）の門下となって小米。踊りと声色で売り出し、大正5年（1916）に二代目桂米丸と改名、真打格となる。東京寄席演芸株式会社が戦力強化策の一環として一カ月契約で上京を促したのに応じ、同6年10月から会社派の寄席に出演。評判よくそのまま東京に留まり、7年5月に桂小文治と改名して真打披露を行う。後に睦派に移って後の六代目春風亭柳橋（56頁）、三代目春風亭柳好（98頁）、八代目桂文楽（34頁）とともに「睦の若手四天王」と称された。一時は自ら「日本演芸協会」を率いるが、昭和8年（1933）に日本芸術協会に合流する。以後協会にあって長年副会長をを務め、政治力を発揮した。なお、桂小文治の名跡は二代目とされることもあるが、この前に名乗った人物が短期間で改名していることもあり、この小文治を初代とする場合が多い。

　明るい派手な芸風で、新作・古典の両方をこなした。また一席終えてからの踊りは山村流を叩き込んでいたせいもあって洒脱で鮮やかなものであった。一方で、早口でやや聞き取りづらい面があり、それもあってかいわゆる大ネタをあまり出さなかった。また、上方弁への馴染みが薄かった東京の観客にいかに受け入れられるかということに腐心したためか、語尾を省略して体言止めを多用し、それがかえってわかりづらさを助長していたとの指摘もある。桂米朝は「あの人は、東京へ行かはってから、言葉がわからないので、一つの小文治流というやりかたを、いや応なしに身につけはったんですな。半分、動作と表情でわからせる。」と分析している（『米朝上方落語選』）。

　こうした面からか、いわゆる評論家からの評価は概して高くない。しかし大西信行は「たちきり線香」を高く評価し「これから先どんなにうまく「たちきり」を演じる人が出てこようとも、あの小文治の「たちきり」以上のものは聴かれないと、かたくなに僕は信じている」(『落語無頼語録』)と記し、川戸貞吉は昭和35年2月の東京落語会で「小文治が演じた「しじみ屋」に深い感銘を受けた」と記している。

子役からの落語家ということもあって演目は多かったが、残された録音・映像はあまり多くない。いわゆる大ネタとしては先述の「たちきり線香」「しじみ屋」「菊江の仏壇」「百年目」、音曲・鳴物入りの「稽古屋」「七戸狐」「蔵丁稚」(四段目)、「景清(かげきよ)」「茶金」などの上方落語、また他にやり手のいない演目としては芝居噺の「加賀見山」、圓朝のやり方が伝わったと思われる「女の子別れ」「出歯吉」「木津川」などが残されている。

面倒見のよさから門弟は多く、他門からの移籍者から子飼いまで数多くの落語家を育てた。五代目古今亭今輔(71頁)、二代目桂枝太郎、四代目三遊亭圓遊、四代目三遊亭圓馬、十代目桂文治といった戦後の落語芸術協会を支えた面々は皆小文治の一門であった。

三遊亭百生

【さんゆうてい・ひゃくしょう】
明治28年(1985)―昭和39年(1964)

9歳の時に父に死別し、夜店の茶碗売りなどをしていたところ笑福亭圓篤(しょうふくていえんとく)門下の落語家篤二郎にすすめられて初代桂文我(ぶんが)の一門に加わる。明治44年(1911)に門人となり我蝶(がちょう)から我朝と改名する。大正7年(1918)に上京、翁家さん馬(八代目桂文治、20頁)門下となってさん助。この間兄弟子に当たる初代桂春團治(はるだんじ)の門人となっていた時期もあったと伝わる。2年ほどして大阪へ戻るが東京時代に心酔していた三遊亭圓窓（五代目圓生、17頁）を頼って再び上京。桃多楼団語と改名。昭和に入って青島に渡り、幇間などをしたあとカフェー・ガーヤンを開業して成功する。敗戦で無一文となり、大阪へ帰って桂梅團治の名で落語家に復帰したが、戦後の混乱時代で出演の場所などもなかなか見つからなかった。昭和27年に六代目三遊亭圓生の一門となって東京の寄席に出演するようになる。一説には大阪で出演していた六代目圓生が心斎橋筋で鍋を売っている声から彼と気付き、復帰に誘ったといわれる。同29年に三遊亭百生と改名（二代目といわれる）し、文化放送の専属となった。

　早くから東京に出て、東京に向くようにと独自の「小文治落語」を作っていった桂小文治とは対照的に上方での芸風を押し通し、それが却って受け入れられた。大西信行は、

　ぼくだけでなく東京の落語好きのだれもかれもが、ようやく東京流にアレンジしたのではない、よくも悪くも大阪の、こってりと味の濃い落語を百生から聴かしてもらえた喜びに、たちまち東京の寄席の人気ものとなった。

と記している。一方で川戸貞吉は「大阪の噺が、あまり抵抗なく東京に入ってこれたのは、百生の影響が大きかったのではないだろうか」と同様の意見を述べた上で「底抜けに明るく、すっとぼけたこの人の高座は、上方落語はくどくてあくが強いというイメージを追い払ってくれた」（『現代落語家論』）とその芸質を語っている。

　録音などで残された演目は比較的軽いものが多く、純大阪風の「池田の猪買い」「景清」「くしゃみ講釈」「天王寺詣り」、鳴物入りの「船弁慶」「三十石」、艶笑物の「女護ヶ島」、また「夢八」「子ほめ」などがある。

上方(関西)の落語界

漫才旋風の中で

寄席小屋の業種区分から見ると、明治時代の前半期は大阪では落語よりも講談のほうが優勢だったが、後半になって落語席が多数に上った。その頃の上方落語界は桂派と浪花三友派の二大勢力を軸として、陣容も揃い、対抗の図式が好結果をもたらして盛況であった。だが明治時代末期からは諸派が乱立し、一方で徐々に「諸芸」と称された色物（便宜上、「漫才」に統一）が人気を得てくる。漫才が台頭し、ほかにも活動写真（映画）に浪花節と、落語以外にも人気を集める娯楽が登場した。大正11年（1922）に新興の吉本興行部が大阪の寄席をほぼ手中に収め、人気落語家の初代桂春團治が歿した翌年にあたる昭和10年（1935）以降になると、漫才の人気が上昇する半面、上方落語の衰退ぶりが目立つようになった。そのような時代状況にあって、人気を得た落語家、そして上方落語を次世代につなげるにあたり重要な役割を果たした落語家を紹介する。

初代 桂春團治

【かつら・はるだんじ】
明治11年（1878）8月4日・生
昭和9年（1934）10月6日・歿

上方落語の全盛期は昭和の前の時代、捉え方にもよるが明治時代後半から大正時代あたりまでである。それに続く昭和時代の初期、幅広い大衆の人気を誇り、少なくとも知名度では上方落語の筆頭に位置していたのが初代桂春團治である。「爆笑王」と称され、とにかく笑いの多い落語で絶大な人気を博した。一方で、春團治についてはのちの伝説も多く、その実像がかなり誇張・脚色されて伝わっているのは否めない。その点についても吟味しつつ、彼の経歴を辿ってみたい。

春團治は明治11年（1878）に大阪市南区高津（こうづ）町（現中央区）で、染革職の末子として生まれた。本名は皮田藤吉。同28年、数え年18歳の時に、浪花三友派（なにわさんゆうは）の落語家である初代桂文我（嘉永2年・1849―大正15年・1925）に入門して桂我都を名乗った。ちなみに彼の兄はこの時すでに月亭文都（弘化元年・1844―明治33年・1900）の門下となり、月亭都平と称する落語家であった。この時期の上方落語界は、この浪花三友派と桂派が二大勢力として拮抗し、加えていくつかの分派が存在していた。どちらかといえば堅実・正統派の桂派に対し、浪花三友派は陽気で派手な芸風と言われたが、皮田藤吉が入門した師である初代文我はもと歌舞伎役者で、芝居噺や踊りを得意としていた。また、寄席の出演記録や改名・襲名記録などを克明に記した『文我出席控』を残す几帳面さも持ち合わせていた。浪花三友派の派手な芸風と、師匠文我の踊りや所作の巧みさは、春團治の芸風の下地（素地）として生きているように思われる。

明治35年、同じ三友派の二代目桂文團治（七代目桂文治、嘉永元年・1848―昭和3年・1928）の門に入り、ここから桂春團治を名乗る。この時、彼の兄は33年の文都の死により、すでに二代目文團治に入門して桂団作となっていた。

藤吉の春團治より先に、厳密には春團治を名乗った落語家がいた。志々喰屋橋の寄席・圭春亭の主人であった春團治が実際には初代になる。昭和4年（1929）刊の『落語系図』でも、藤吉の春團治を二代目春團治としており、同時代においては正確には二代目であると認識されていたことが確かめられる。しかし、芸界ではその名を大きくし、広く知らしめた人物以前の者は代数のカウントからは除外したり、代を重ねる途中でも代数には数えないといったことはしばしばあることであり、今日においては、この春團治を初代と称することに問題はないと考える。

■

春團治については破天荒な逸話が多く伝えられており、虚実ないまぜになった姿がそのイメージとなっている。この発端はどうやら花月亭九里丸（くりまる）編『すかたん名物男』（昭和31年刊）が原因で、その後、小説、芝居、映画、歌謡曲など様々な媒体で誇張された姿が描かれたことによるらしい。春團治の実像を丹念に明らかにしたのは富士正晴で、その著書『桂春團治』は、正確な経歴を知るためには必読の書といってよい。

よく知られたエピソードとして、春團治は人気者になって以後、寄席の掛け持ちに赤い人力車を使用した、というものがある。しかし富士の調査によれば、そのことは最初の妻だったトミが全否定している。どうやら三代目桂文三（ぶんざ）（安政5年・1858―大正6年・1917）が使っていた赤俥（あかぐるま）の逸話が春團治に投影されてしまったものらしい。また、明治45年正月に、紋のところが喰い破られ、その下に鼠の絵が貼られた羽織を着て高座に上った……というのは本当の話らしいが、これについても金に困っていたのか、との富士の問いにトミが「何の、演出ですがな」と一笑した、と記されている。

ただし「後家殺し」の異名をとった逸話は本当のことであった。大正3年、道修町3丁目の医療品問屋岩井松商店の主人が亡くなり、後家になった志うとの一件である。二人の出会いについては富士によれば二説あるようだが、ともかくも志うは春團治が気に入り、出演していた紅梅亭に足繁く通うようになり、次第に座敷へ春團治を呼び（お座敷の仕事）、また多額の祝儀をはずむようになった。これをよく思わぬ岩井家親族と未亡人の間で民事訴訟事件となったが、未亡人側が勝訴して春團治は岩井家と養子縁組が成立し、皮田姓から岩井姓へと変わった。新聞などで書きたてられて春團治の名は高まり、高座に出ると元々は義太夫節の掛け声である「後家殺し」の声が客席から飛んだという。

桂米朝『上方芸人誌』第八章「寄席芸人伝」には、初代春團治の弟子であった流行亭歌麿氏と米朝の対談が、短いものながら掲載されている。それによると一般的に持たれているイメージだけでなく、真面目、家庭的、孤独感を持つといった面もあったという。大工仕事もうまく、お盆の時期には牡丹灯籠を作って近所にも分けていた、とはあまり語られないエピソードだが、春團治の意外な一面である。とにかく春團治はサービス精神に徹しきった人で、古い前座・桂右之助（明治36年・1903―昭和46年・1971）の話では、春團治が楽屋に入ってくる時の「おはよう」の挨拶だけで可笑しかったという。それほど普段から周囲を楽しませるサービス精神を発揮し、また可笑し味のある話しぶりをしていたということであろう。

■

春團治のネタ数は多く、SPレコードにも多数の演目を吹き込んでいる。『落語レコード八十年史』によれば、彼の残したSPレコードは明治時代末期から昭和時代初期に及び、上方落語では最多数にのぼる。そのうち最古のものは、都家歌六師の考証によれば明治43年から45年あたりの録音で、春團治のSP片面物はこれのみという「なさぬ仲」である。

しかし、東使英夫編『桂春團治落語集』の解説で東使氏は、このレコードはいわゆる時事ネタにあたるものであり、発売時期は再検討が必要であると指摘する。大正元年、柳川春葉の新聞連載小説『生さぬ仲』（「大阪毎日新聞」）が評判になり、これが劇化されて同2年に上演され、こちらも評判を呼んだ。レコードはこれに敏感に反応した春團治が「秘伝書（地上げ）」に時事的な小噺を付加したものである、と東使氏は述べ、発売年は大正3年説をとっている。このように時流に敏感なところが春團治の特徴の一つであることは疑いがない。

各社から複数のレコードに吹き込んでいるネタ、つまり彼が得意としていたと思われるネタには「からし医者」「黄金の大黒」「いかけ屋」「へっつい盗人」「猫の災難」「近日息子」「寄合酒」「阿弥陀池」「三人旅」「喧嘩の仲裁」「宿替え」などがある。

「阿弥陀池」を現在のかたちにしたのも春團治で、もともと桂文屋が日露戦争後に作ったこの一席に、いろいろなクスグリを付け加えたものだと伝わる。

レコードといえば、面白い逸話が残っている。春團治は大正14年の終わりに、翌年の天理教祖四十年祭を当て込んで「物言う煎餅」を作成した。小噺が収録されていて聴けるようになっており、聴取後には煎餅として食用できるという、なんとも変わったレコードであったが、これは大損失に終わったと伝わる。

前述の東使秀夫編『桂春團治落語集』には、レコードを基にした全63席の速記が収められている。ただ、レコードの発売点数は多いのだが、春團治の場合はレコードの強みである全国各地への普及という点に関してはその効力を発揮していなかった感がある。東使は「この当時の春團治は、野太いダミ声で、花橘のような言葉遣いの細かい配慮もなく、自分の地のままに押し出すといった感じである。とても、全国的な人気を得るとは思われず、かなりローカルな人気にとどまっていたようである」と述べている。

東使は春團治の特徴として、テンポが速く、一息のフレーズが長い。また、なくても通じるような言葉が多出し、総じて言葉数が多い。言葉の繰り返しも多用している、といった点を挙げている。実際に東使が二代目立花家花橘（174頁参照）のレコードと同じ演目を文字化して分量を比較したところ、例外なく春團治のほうが言葉数が多い、つまり落語が長いという結果を得た。収録時間に制約のあるレコードでも、おそらく最大限の言葉数で収録したと考えられる。そのため、非常にテンポが速いのはレコードに収めるためという側面もあろう。制限時間内に収まるように通常の口演よりも速いテンポで演じたものと考えられる。

身内の限られた感想なのでやや客観性に欠けるが、筆者の祖父は少年期に父親に連れられて大阪の寄席へ行き、何度か春團治を聴いたと言っていた。そのことをはっきり記憶していたので、やはり春團治の印象は強烈だったのだと思う。その祖父が、ラジオで春團治の落語（SPレコード音源）が流れた時、一緒に聴いていた私に「実際にはこんなに早くはなかった」と言っていた。寄席での口演時には、確かにレコードほどの早口で演じるとは思い難いところもあり、この話は信頼してよいのではないかと思う。

　春團治の芸について早い時期に書き記したものとしては、正岡容（いるる）の「先代桂春團治研究」（初出は昭和17年1月、現在は『完本　正岡容寄席随筆』に収載）と題する文章が有益である。正岡は春團治落語の特徴として、独特の「音」の描写があり、その言葉においても「呆れるばかりの放胆さ斬新さがあったと云える」と述べる。その落語は「まことに奇想天外であり、ポンチ絵に見られるナンセンスの極致である」とするが、その一方で、「前座から二ツ目（大阪では中座（なかざ）と称する）までのこの人は、およそ本格そのものの「芸」であった、それがおよそ極端に崩れたのだということである」と基礎の確かさに触れ、いくつかの実例を挙げてその描写力を称賛している。一例だけ引用すると、「「ふたなり」のさびしい森で、娘に首縊（くく）る手だてを教えるときには、木の間洩る月の光りに、はるかの枝へしごきを投げる老爺の姿をありありと見せた」といった調子である。

　前述の富士による著作が文庫化される際に執筆された、桂米朝「解題にならぬ解題　富士正晴『桂春團治』」で米朝は、春團治の巧（うま）さを正面切って取り上げたのはこの正岡の文章が初めであるとし、また自身の感想として「たしかに私もこの皮田春團治はごく素直に聴いて、巧い人であったと思う」「間のとり方や呼吸の良さ、運びのうまさは抜群で、片面三分のSPレコードで聴いても（できのよしあしはあるが）歴然とわかる。それにあの特異な声がまた笑いを助長させる」との評価をしている。特徴のある声は音域が広いわけではないが、ちゃんと人物の特徴を描き分けていた。

■

大正10年の正月興行を控え、春團治は新興の吉本興行部と、前貸金2万円と月給700円（『吉本興業の研究』、ほか）の好待遇で専属契約を結ぶが、自前の演芸場以外に出演してはいけないとの契約内容に反し、昭和5年12月7日、NHKラジオに吉本を出し抜き無断で出演して「祝い酒」を演じた。吉本側は事前に出演の情報を得たため大阪放送所前で数人が春團治を待ち構えていたが、春團治は京都放送所から放送した。これに立腹した吉本側が、本人が経営する住吉公園内の春團治茶屋と西成区粉浜町の本宅とに執達吏を派遣し、家財の差し押さえに出た。その後帰宅した春團治は、家財道具に差し押さえの封印が貼られている室内で、自らの口にも封印を貼り、大阪朝日新聞の写真に収まっている。当然、新聞社のカメラマンの前であればこそそのような姿をしたのであろうが、差し押さえの写真も新聞に掲載させる、何事も演出として売り込みをはかる春團治の姿勢がよくわかる一件である。ちなみに、残された貴重な放送スケジュール表によると、この時の出演料は破格といえる170円であった（『三集・上方落語ノート』所収「先輩諸師のこと」）。

春團治の晩年の活躍期にあたる昭和初期は、落語家がすっかり減少していた、という時代ではない。しかし、新興勢力である活動写真や漫才の勢いに押され、また上方の興行を牛耳っていた吉本興行部が数名の落語家を除いては落語を重用しなかったため、落語の人気がかなり低迷していた。昭和6年に郷土研究『上方』が企画した落語会の名称が「大阪落語保存会」であったことは、それを象徴している。実力のある噺家たちは健闘していたが、他の人気芸能と肩を並べる程度の人気を得るものは限られていたといえる。そんな時代に春團治は自分を売り出す演出に余念がなく、マスコミもうまく利用してその名を売り込み、何よりも笑いの多い落語で幅広い人気を得た。レコードの効果はむしろ後進世代に大きく、のちにレコードの面白さから落語に魅了され、落語家となった当代笑福亭仁鶴や二代目桂枝雀（昭和14年・1939—平成11年・1999）など、後進の落語家にも多大な影響を与えている。落語人気を今日に伝えた功労者の一人といえるだろう。

門弟には新作落語に才能を発揮した初代桂小春團治、桂福團治（二代目春團治）らがいる。

■

このうち小春團治も、昭和の落語史を語る上では重要な一人である。明治37年に立花家圓丸という落語家のもとで生まれ、６歳の時に小圓丸の芸名で初高座を踏んだ（『鹿のかげ筆』）。幾度か師匠を移るなどの後、大正９年12月に初代春團治門下となり、翌年に小春團治と改名して吉本花月連へ加わった。同15年に「夜店行進曲」と題する新作落語を作ったのを最初として、次々と新作をものにし、高座で演じるのはもちろんのこと、新作・古典の速記を雑誌『サンデー毎日』や郷土研究『上方』に載せるなどして活躍した。だが次第に漫才を重用した吉本の営業方針に反発し、吉本を飛び出して地方巡業に出たり、のちには東京へ移るなどした。

　師匠の春團治が歿した翌年の昭和10年には、小春團治の名を返上して本名の林竜男の表記を少し変え、林龍男を名乗った。元来は、山村流の舞踊を身につけていたが、その後花(はな)柳(やぎ)流にかわり、同14年に花柳流家元の芳次郎から花柳芳兵衛の名を許されたのをきっかけとして吉本を脱退し、高座からも離れた。だが、桂文我(ぶんが)から受け継いだ芝居噺(ばなし)を多く持っていたことなどから、戦後に放送局で記録保存として演じた映像が残り、いくつかは三代目米朝らに受け継がれている。放送では毎日放送テレビの『素人名人会』で、舞踊の審査員としても親しまれた。

　花柳芳兵衛の名で『鹿のかげ筆』の著書があり、自身の生い立ちなどの随想や、主に舞踊家としての考察や思い出話が残されている。その一方で、芝居噺「昆布巻芝居」を写真入りで図解した速記、また「禁酒運動」「円タク」など新作落語15席の速記が載り、これらは落語家・小春團治の高座を伝える貴重な記録となっている。

（中川　桂）

二代目 桂三木助
二代目 立花家花橘

ここでは、上方落語家が減少し、影響力が弱まっていた時期に活躍した二人を取り上げたい。この二人、二代目桂三木助と二代目立花家花橘は、ともに明治17年（１８８４）の生まれで同時期に活躍しており、ＳＰレコードというメディアも活用したところが似通っている。

二代目　桂三木助

【かつら・みきすけ】
明治17年（1884）11月27日・生
昭和18年（1943）12月1日・歿

『大衆娯楽雑誌　ヨシモト』の1巻1号から4号（昭和10年8月～11月）にかけて、三木助の「私の自叙伝」が連載された。自身の略歴を中心に、主に明治期の落語界の話が語られている。これに『古今東西　落語家事典』も参照し、経歴を紹介したい。

■

大阪生まれの三木助は、明治27年（1894）1月に幼くして二代目桂南光（なんこう）（桂仁左衛門（にざえもん）、安政元年・1854―明治44年・1911）に入門して手遊（おもちゃ）を名乗り、この年の2月に南地（なんち）法善寺の金沢亭で初高座を勤めた。数えの11歳で格の高い寄席（よせ）の高座に上がっているのだから、今日とは諸事情が異なるとはいえ、驚くほど若く早い初高座である。修業時代から落語の稽古のほか、舞踊と三味線の稽古も行い、かなり厳しい修業時代を過ごした。噺家になって10年経つと徴兵の年齢となり、日露戦争に従軍したのち、帰国した同39年4月に高座に復帰し、11月に二代目桂三木助を襲名して金沢亭など桂派の寄席で襲名披露を行った。

桂派の若手として人気を得、将来を嘱望されたが、明治44年に兄弟子の（初代）桂小南（明治13年・1880―昭和22年・1947）を頼って上京し、大正元年（1912）に帰阪するまでしばらく東京の寄席に出演した。東京落語界とこの時接した経験が、三木助には良くも悪くも影響を及ぼしたようである。東京では名人と称された四代目橘家圓喬（慶応元年・1865―大正元年・1912）に師事し、橘家三木助を名乗って三友派の席に出演していた。大阪へ復帰後は三友派に属し、吉本興行部の大看板として活躍した。

本人曰く「三木助といふ名前は文枝を襲ぐべきことを必然的に約束づけられた由緒ある名で、この時すでに四代目文枝を襲名して桂派の宗家を継ぐやうにと内交渉まで済ませてゐた際でもあつたのだから、これらを捨てて東京に出るといふことは私には大変な犠牲であり、大決心であつた」（『私の自叙伝・第3回』）というが、東京在住中に桂派の筆頭格である文左衛門、三代目文枝、南光が相次いで歿し、当初の計画通りに進むことにはならなかった。大阪に戻ってからは、自身の個性を生かし、独自の芸を作ることを第一に考えた。その頃の意識がうかがえる箇所がある。「今日私の落語が東京風の人情噺で、大阪に合はないのも、この気持ちが働いたためであると思ふが、噺の陰気に対し、踊はハデにやるやうにしてゐる、踊だけは少くとも本筋のものであることを自負してゐる」。また、三木助が新たに行ったこととして袴の着用があったことも記されている。従来、落語家は着流しで登場していたが、袴を着用したのは「東西を通じて私が最初である」とする。これは踊りも得意とした三木助の、「東京帰り」というイメージにも適合するものだったのだろう。

『落語レコード八十年史』により、レコードに収録されたネタを確認してみる。「丁稚芝居（蔵丁稚）」「三年酒」「宿屋仇」「鮑のし（祝いのし）」「お伊勢道中（東の旅）」「動物園」「無学な犬」「みかん売り（みかんや）」を吹き込んでおり、同書にはコッカで収録した「みかん売り」の速記が収められている。これらの音源のうちいくつかはCDに収録され、現代でも比較的手軽に聴くことができる。レコードの音源から聴いた三木助の落語は、口跡が明瞭で聴きやすい。また甲高い声で陽気なのだが、やや過剰に（いわゆる「クサく」）演じる気味もあったように思われる。

郷土研究『上方』では、弱体化する当時の上方落語を支援しようと、昭和6年4月18日に「大阪落語保存会」を開催した。その見聞記を南木芳太郎が『上方』5号に記している。

この会に出演した三木助は当日「網船」を演じており、それについて南木は「四十分の長演」「隠居、若旦那、町幇間の茶ら喜、船頭、何れも人物が躍如として浮び出て真に迫った話術は聴者をしてぐんぐん妙味に引入れてゆくその舌練、流石大阪落語界の驍将として近来になき好聴きものであった」との印象を記している。なお、同号には「網船」の速記が掲載されている。ほかに同時期の記録から三木助が演じたネタとして確認できるものには、「煙草の火」「先の仏（ざこ八）」「子別れ」「三年酒」「お文さん」「木挽茶屋」などがある。また同6年の5月20日から30日にかけては、南地法善寺花月で「リーグ舌戦会」と題する企画が行われ、案内には計10席のネタが挙げられている。以下に上記との重複も含めて記しておく。

「木挽茶屋」「網船」「冬の遊び」「太鼓腹」「味噌蔵」「先の仏」「抜け雀」「箒屋娘」「百年目」「鬼あざみ」

『上方はなし』第37集（昭和14年6月）に、筆名・伊勢三郎の「桂三木助論」が掲載されている。その芸風としては「明快な口調、いささかの渋滞の跡もとどめぬ運びは、政談ものに、茶屋ものに硬軟とりどり、行くところ可ならざるはないという幅の広い芸格、的確なケレンのない踊。「箒木屋娘」「先の仏」「あみ船」「菊江仏壇」などの至芸。三木助君ぐらい、狂いのない芸風の人もまたすくないといわねばならぬ」とある。ここからは、まことにきっちりしているが、その反面いささか面白味に欠ける芸風が浮かび上がってくる。名人・桂文左衛門が、彼がまだ若輩のうちに「菊江仏壇」の稽古を許可したという逸話も載るが、「彼はその頃から巧者であった」と評される若手の有望株として認められたことがうかがわれる。持ちネタが豊富で、上方噺、江戸噺そして踊りもできる幅広さを持ち合わせていた。いわゆる大ネタもいろいろと持っており、橘ノ圓都(えんと)を経て今日に伝わるものも多い。

しかし、そんな器用さが三木助の場合はかえってアダになったのかもしれない。伊勢三郎氏は「三木助君が東京で修業してきたということは、落語家としての三木助君を大成させたかはしれぬが、上方落語家としての三木助君をはなはだ鵺(ぬえ)的なものにした」「これが三木助君をして、あれだけ高い人気を得させた半面、上方落語家としてもう一つピッタリせぬ存在たらしめた大きな理由ではなかったか」としている。東京での活動経験が、純粋な上方落語とは異なる雰囲気をもたらすことになり、今ひとつ中途半端(どっちつかず)な芸風との評価をもたらすことになったのだろう。ほかにも短所として、明快さからくる余韻の乏しさが指摘されている。

前記『上方』の「網船」のほか、大正8年7月刊の速記集『名人落語十八番』（前田大文館）には「道楽息子（浄瑠璃息子）」が収録されている。また、『大衆娯楽雑誌　ヨシモト』の2巻4号（昭和11年11月）には「莨の火」の速記が掲載されている。

芸風の幅広さを示す逸話がある。大正15年頃から吉本興行部の企画で行われた、新世界芦辺館で公演された花月乙女舞踊団では、日本舞踊の振り付けを三木助が担当している（『笑売往来』4号、6号ほか）。また、『笑売往来』6号「独り言」では、三木助自身が、東京の噺をするのは、自分の口調が陰気なので人情味の加わった東京噺のほうが向くと考えていたためであると述べている。

（中川　桂）

二代目 立花家花橘

【たちばなや・かきつ】
明治17年（1884）月日不詳・生
昭和26年（1951）9月23日・歿

二代目花橘は徳島の生まれで、明治32年（1899）、大阪へ出てはじめは素人仁輪加（俄）に加わる。初代笑福亭福松（安政5年・1858—明治37年・1904）に入門して福二、その後五代目林家正三門に移り二代目正六となる。さらに二代目桂文團治（七代目桂文治、嘉永元年・1848—昭和3年・1928）門下となって桂一奴と改名するが、その後、三木助と同様に東京での活動を経験した。約10年間、三遊派に属し、大正元年（1912）10月に女流浮世節の立花家橘之助（慶応2年・1866—昭和12年・1937）の門下となって、二代目立花家花橘を襲名した。

大阪に戻り、戦後に至るまで活動したことで、のちの五代目桂文枝（272頁）や三代目桂春團治（263頁）の若手時代に多くのネタを伝え、貴重なネタが今日まで継承されることになった。

口跡がよく、明朗で声が大きいのでレコードの収録に適し、大正時代には数多くのレコードを吹き込んでいる。また「当時、東京大阪を通じて、多くの噺家が寄席で人気者になってからレコードを吹き込んでいるのに対して、花橘の場合はこの大量のレコードで人気者となった」（『古今東西　落語家事典』）のが彼の特徴であった。

SPレコード時代では初代春團治、五代目笑福亭松鶴（しょかく）（180頁）と並んでレコード収録が多く、その全容は『落語レコード八十年史』が参考となる。その一覧の中では「野崎詣り」「宿替え」「稽古屋」「蛸芝居」「お玉牛」などが、複数のレーベルで吹き込まれている。また、同書には現在の「ぜんざい公社」の原型にあたる「文化しるこ」の速記が収められている。ほかに大正8年と推定される、5月4日・南地（なんち）紅梅亭での「円馬・花橘二人会」では「綱七」と「嫁入」が演目として挙がっている。

SPレコードからうかがえる花橘の落語は、口跡がはっきりしていて聴きやすく、語り口調もゆったりしている。持ちネタの幅が広いこともあわせ、レコード吹き込みにはたいへん適した芸風だったといえる。

次に『上方はなし』から、花橘の評を拾ってみたい。昭和13年11月12日、三越ホールで行われた公演で演じた花橘の「肝つぶし」について、第32集（昭和14年1月）に筆名・青墨山人が評を記している。「演者はサラッとした調子のハッキリとしたわかり易い特長のある綺麗な話し振りの人（今少し滋味とコツがあれば申し分ないが）」。ここでは、レコードとも通じる「わかりやすさ」との説明が印象に残る。

続いて、第35集（昭和14年4月）に掲載の伊勢三郎「楽語荘同人論」から、花橘の評を抜粋してみる。「花橘は元来が俄師、いろものから出発した人だから、素咄は得手でなさそうである。（中略）花橘の声は、素咄を語って聴かせるというよりも、芝居咄を演って聴かせる方に向いているようである」。ここでは、俄から出発したという経歴も考慮して、素咄よりも芝居咄が向いているとの見解が記されている。

最後に第45集（昭和15年4月）では、さきほどの記事と同じく伊勢三郎が「春輔と花橘同人評語」を書いている。ここで評者は、論評の糸口を見つけるためとして2月1日の晩に神戸・三宮の寄席「雑居亭」へ足を運び、花橘の「延陽伯（えんようはく）（東京の「たらちね」）」を聴いている。もう一人の目当てである桂春輔も含めて、「この二人は毎度のことながらさすがによく笑わせていた」と、寄席でしっかり笑いをとれる落語を演じていたことを記し、この両者がなぜ喜ばれるのかを考察している。簡略に記せば、評者・伊勢氏が考える理由は、やはり「芸風の平明さ」で、これは各氏が共通して評価する花橘の長所といえるだろう。

一方で、伊勢三郎は総体として花橘にあまり高い評価を与えていない。その理由は、俄師からスタートしているため「花橘の落語はいつの間にか俄になっている。彼の咄ぶりには俄口調が抜けきらない」という。「延陽伯」のような素咄でも、俄仕込みの誇張した動きとおどけが表れ、「それが落語家花橘の致命的な欠陥であるといいたい」とまで述べている。大げさなほどのわかりやすさが、いわゆる落語通や評論家に評価されない例は珍しくなく、ここでも花橘はそれが原因で低い評価に甘んじている。しかし、逆に言えば、花橘の落語が一般の聴衆には受け入れられやすいものであったことが、ここからうかがえるのではないか。

『続・上方落語ノート』（桂米朝）の「先輩諸師の持ちネタ」で、桂米朝は花橘について以下のように記している。

とにかく、ネタの多かった人である。レコードも古くから入れていて多数残っている。（中略）

尤もレコードに「いかけや」なども入れてあるが、持ちネタとしてやっていたのかは疑問である。この人もよく立ち上がって「文人踊り」という不思議な踊りをやった。「夕暮れ」を弾かせて、さまざまに珍妙なポーズをとって、一種の俳画的な味を狙ったものであろう。

レコードの発売から名を売った噺家であるだけに、吹き込んでいるネタ全般が頻繁に演じたものであるとは限らない、との見解は注意すべきところである。また、一席終えた後に滑稽な踊りを踊ることが記されている。このような芸風の噺家は多数が出演する寄席においては絶対に必要な存在であるが、文字通り真を打つ中心的存在とは認められにくく、脇役の評価になってしまう。しかし今日から振り返ると、花橘のように広いネタを誇り、わかりやすい落語を演じる存在があったことが、上方落語の継承にとって有意義だったと考えられる。とくに持ちネタの多さが際立っており、多彩なネタの中では今日演じ手がなくなったものもあるが、「蛸芝居」「七段目」など芝居噺や、「稽古屋」「辻占茶屋」「親子茶屋」「土橋万歳」といったハメモノが入り芸事の素養が必要なもの、そして「平林」「延陽伯」「桃太郎」などおなじみの前座噺……と、花橘を経て今日上方の主要な演目となっているものも多く、ネタを伝えた功績も大きいものがある。

（中川　桂）

上方落語復興の悲願

昭和10年代は、上方落語にとっては衰退期といえる。苦境の中、落語を次世代につなげるべく奔走したのが五代目笑福亭松鶴であった。自宅を「楽語荘」と名付けて同志を募り、速記や評論などを載せる雑誌『上方はなし』を発行、落語会も開催した。そこで中心となって協力したのが四代目桂米團治である。第二次大戦後にも五代目松鶴の尽力により、復興へ向けていち早く落語会が開かれた。昭和20年代前半にはまだベテランの落語家も多数活動しており、それに加えて戦後数年の間に入門者が次々と現れた。希望が見え始めた落語界であったが、20年代後半になると、松鶴、米團治ら有力者が相次いで鬼籍に入った。28年に広く人気のあった二代目桂春團治が歿すると、上方落語の存在感は急激に低下していく。落語席は実質上なくなり、戎橋松竹などの演芸場でも、落語は東京からの助演にたよるかたちになり、全体の中でも数本の落語が漫才などの演芸の間に挟まる程度になった。そのような時期に上方落語を支えた面々である。

五代目 笑福亭松鶴

【しょうふくてい・しょかく】
明治17年（1884）9月5日・生
昭和25年（1950）7月22日・歿

昭和10年代、低落した上方落語を必死に支え、戦後の復興への橋渡しをした、この人も間違いなく上方落語史に欠くことのできない功労者の一人である。

明治17年（1884）、大阪の大工職の家に生まれる。数えの6歳から稽古屋に通い、9、10歳になると一人で落語や錦影絵の席に通った。11歳になって小学校を卒業すると、父の手伝いをする一方で、得意先や仕事場で自ら聞き覚えの落語を演じた。16歳の頃から素人連に加わり、芦廼家（または四季亭）梅咲を名乗った。梅咲時代の得意ネタは「宿替え」であった。大工職を勤めながら、その後も三枝連の名で素人連を続け、昼は大工、夜は貸し席での落語という生活を送っていた。同37年に四代目笑福亭松鶴（当時は枝鶴、明治2年・

１８６９—昭和17年・１９４２）に入門し、玄人（くろうと）の噺家となって光鶴（こかく）の名をもらう。兵役で１年間満州で過ごしたり、一時期芸界を去ったりするなどの曲折もあったが、大正７年（１９１８）11月に、二代目枝鶴を襲名。吉本所属となった同11年以後はＳＰレコードも多く吹き込んでいる。昭和10年（１９３５）３月に五代目松鶴を襲名し、南・北の両花月（かげつ）で襲名披露を行っている。

しかし昭和９年に初代桂春團治（155頁）が歿したこともあり、また漫才の台頭もあって、この時期、吉本の落語に対する遇し方は悪くなっていた。そこで松鶴は低迷する上方落語への危機意識を強め、同11年４月に私財を投じて雑誌『上方はなし』を発刊する。ここに載る速記はとくに今日では、戦前までの上方落語の型を知る貴重な資料である。『上方はなし』は15年10月の刊行休止まで、49集を重ねた。

昭和12年には吉本を脱退。自宅を「楽語荘（らくごそう）」と名付けて同人を募り、大阪や京都で「上方はなしを聴く会」を開いたほか、地道に落語活動を続けた。その後、吉本から復帰のすすめがあり、同18年５月から再び花月の高座に上がったが、20年の空襲で寄席も焼失、終戦を迎えた。

戦後の松鶴の活動ぶりは目覚ましく、これについてはのちに改めて記す。上方落語復興の道筋をつけたところで病に倒れ、昭和25年に歿した。

松鶴の功績は大別して二つある。一つは、戦前に刊行した『上方はなし』である。楽語荘の同人による評論やエッセイに加え、毎号、上方落語の速記が掲載されている。会員は500人以上に及んだという。昭和15年10月の第49集まで刊を重ねたが、物資統制による紙不足で終刊となった。

編集は松鶴のほかに、中濱静圃（四代目桂米團治、201頁参照）や野崎万里といった人たちが精力的に加わり、31集以降は実質的にこの両者（のいずれか）が編集を担当した。野崎は大阪電話局の職員ながらも、優れた町人学者であった（『上方はなし』解題）。

もう一点は終戦後の落語復興への精力的な活動により、いち早く落語会を復活させたことである。昭和20年11月21日、「上方はなしを聴く会」の復興第1回が四天王寺本坊客殿で行われている。これは戦後、大阪で最初に行われた落語会で、楽語荘の主催として行われた。松鶴はこの時「出歯吉」と「三十石」を演じている。この会は四天王寺で2回開催されたのち、天満天神社境内参集所に会場を代え、同22年6月8日の例会まで9回行われ、計11回の落語会が催されたが、この時期には四ツ橋文楽座など、他の会場での落語会も次第に増えていき、落語家の陣容も整ってくる。このような継続しての活動が実を結び、戦後の上方落語復興へとつながっていくことになる。

五代目松鶴の持ちネタは多岐にわたる。

桂米朝『続・上方落語ノート』（青蛙房）所収「先輩諸師の持ちネタ」にも、正岡容（いるる）が記した松鶴のネタに、米朝が直接松鶴から示されたネタを加え、主なものとして68席が記載されている。これはまさに「主なもの」のみで、前座噺など含まれていないものもあり、演じたネタとなるとさらに多数に上るとみられる。

SPレコードにも枝鶴時代から多数のネタを吹き込んでいる。『落語レコード八十年史』によれば、得意のネタはもちろんのこと、「稽古屋」「べかこ」「長持」「口入屋」「野崎詣り」といった、そう頻繁には演じなかったと思われる噺もレコードにしているほか、「弥次喜多地獄旅行」「スピード旅行」なども吹き込んでいる。同書にはパルロフォン社から出した「船弁慶」の速記が収録されているが、これはSP2枚組で噺の前半部までである。このほかのネタでも、松鶴は限られた収録時間内にうまく噺をまとめ、一応のサゲもつけて録音する腕があった。とにかく幅広いネタがSPには収められており、ここからだけでは得意のネタを判別することは難しい。

そこで今回は別の資料から主なネタを拾ってみたい。

『戦後（昭和20～23年）の上方落語　～五代目笑福亭松鶴を中心とした出演記録』（豊田善敬）には、出演記録に加えて昭和19年から24年にかけてのラジオ放送の出演記録も掲載されている。ここからは、高座を勤めるのに加えてラジオでの落語口演もかなりこなしていたことがわかる。

　ここからうかがえる主要なネタは「天王寺詣り」「三十石」「くしゃみ講釈」といった代表的なもののほか、「桜の宮」「猿後家（さるごけ）」「掛け取り」「餅つき（尻餅）」「厄払い」「初天神」「鍬潟」「次の御用日」「天神山」「堀川」「船弁慶」「崇徳院」「三枚起請（きしょう）」「らくだ」「人形買い」「性は善（盗人の仲裁）」「宿屋仇（がたき）」「宿替え」などで、まさに枚挙に暇がないほど多様なネタを演じている。

　そして、『桂米朝集成』第4巻「五代目笑福亭松鶴」の項では、五代目松鶴傑作十二番を選定したことが記されている。このあたりが自他ともに認める松鶴の得意ネタということになろう。そのネタは以下の通り。

　「くしゃみ講釈」「次の御用日」「天王寺詣り」「悋気（りんき）の独楽」「猿後家」「人形買い」「欲の熊鷹」「高津（こうづ）の富」「尻餅」「性は善」「船弁慶」「三枚起請」

米朝はその中で、「天王寺詣り」が得意中の得意であり、また、よく笑いをとっていたものは「くしゃみ講釈」と「尻餅」であったと語っている。さらに米朝は、五代目は立て弁が得意だったとしており、その例として挙げられるのは上記「傑作十二番」のうち「高津の富」「船弁慶」「猿後家」と、上記には含まれていない「三十石」の4席である。噺の中の登場人物では、顔立ちが似通っていたのか、「地獄八景」の人呑鬼がよかったという。また、女性全般を演じるのが得手というわけではなかったのに、「次の御用日」に登場する嬢やん（お嬢さんの意）がよかった、との思い出が語られている。

ところで『上方はなし』には松鶴名義での落語の速記が多数載っているが、これらはすべてが松鶴の演じたものというわけではないため、注意が必要である。この点もすでに前述の『続・上方落語ノート』に、米朝推測による速記の出処などとともに述べられているところである。

前述の『桂米朝集成』第4巻「五代目笑福亭松鶴」の項では、戦前に東京で開催された上方落語会の貴重な記録として、昭和18年10月10日に東京・大塚鈴本演芸場で行われた松鶴の独演会を、徳川夢声が聴いての見聞（『夢声戦争日記』第2巻、中央公論社）が引用されている。以下に改めて紹介する（引用は中公文庫『夢声戦中日記』による）。

久しぶりで寄席の木戸銭を払い、下足札と傘札を貰って案内される。七十人ばかり来ていたようだ。（中略）始めて笑福亭松鶴老の話をきく。大いに面白く、大いに感服した。この結構な大阪落語というものが、このまま亡びて了うのは如何にも残念である。文楽人形を残しておくように、ちゃんと古典として残しておくべきものだ。事実、近来珍らしく寄席の楽しさを味わう事が出来た。四席やって飽きないという事も、えらいものだと思う。三代目小さんの独演会でも三席きくと飽きたものだ。もっとも、この頃は本筋の落語をあまり聴きつけないので、それで味が好かつたのかもしれない。

この後、当日の4席を記して寸評が添えられている。一席目が「伊勢参り」。これは「東の旅」だが、『桂米朝集成』4巻によれば、この「伊勢参り」はもぎとり～軽業のところ。二席目は「猿後家」。三席目が「三枚起請」。この一席を夢声はなかなか気に入ったようで「東京落語できくと、あまり可笑しくない話だが、大阪弁で来ると、三人の野郎も、女郎も至極ユーモラスになってくる。こんなに面白くきけるとは思わなかった」と感想を記している。四席目の「次の御用日」については、松鶴の話芸の巧みさに加えて、初めて聴いたこの噺が奇想天外であったとの感想を記している。

『上方はなし』第24集に、伊勢三郎「楽語荘同人印象（其ノ三）松鶴と米之助―笑福亭松鶴論――」がある。昭和13年当時、すでに松鶴は巧い、名人芸だとの評価を得てきていたが、伊勢三郎氏は次のような評価をしている。「あの真似手のない巧さ」は「松鶴君の芸風が一般的だということが、この『巧さ』を作っているのではないかと思う」とあり、ここでいう「一般的」とは「大衆の近づきやすい、とりつきよい芸だということである」としており、比較対象として特殊な芸風を持つ噺家に対し、松鶴は「はじめて咄を聞く人にも決して退屈させぬだけのものを持っている。それでいて巧者が聞いても、足を拾われぬだけの工夫と用意がある。要所要所はキッチリと締まっている」というのが持ち味であると評している。

この前後の時期に『上方はなし』に見られる松鶴評を拾うことで、その芸風を補完してみたい。「三枚起請」を演じた際には「松鶴君が出ると舞台が一時に明るくなった気がする。（中略）舞台も大きいしさすがに同人の中では群を抜いて巧い」（21集、伊勢三郎筆）。「仔猫（ねこ）」を演じ、評者の印象は今ひとつ……という時も「無難なかわりいつもほどの面白さが少ない」（23集、庄内村人筆）とある。これは「市助酒」に対して「松鶴君のよさは、どんな咄をさせてもソツのない点だ。近頃のこの人の芸をみて、何となく無技巧の技巧という感じを受ける。『市助酒』でもさすがに大きい貫目をしめしていたと思う」（33集、庄内村人筆）

とあるのにも通じる。これらからは、まずこの時期に活躍していた落語家の中では上手く、高座に明るさがある。そして数多くのネタで、聴き手が満足する楽しさを示し、特別良い出来ではない時もソツなく無難にこなす、という、平均レベルの高い実力者の姿が思い浮かぶ。多くのネタを演じたタイプとして、この平均値の高さは後代の六代目三遊亭圓生（61頁）や三代目桂米朝（250頁）を想起させる。

復刻『上方はなし』の別冊には五代目松鶴の口述を、おとうと弟子の笑福亭鶴蔵が筆記した「噺家五十年」が収録されている。自身の生まれから噺家としての来し方を語ったものである。その中から、松鶴の特徴と思われるところを挙げてみたい。

その芸熱心さは素人落語の頃から持ち合わせていたものであった。「猿後家」を持ちネタにしたいと思い、三代目桂文三の出る寄席を、文三が掛け持ちをするのと同時に追いかけた。客席から「猿後家ッ」と声をかけ、リクエストをするのである。出番の浅い時は噺家もそこまで持ち時間がなく応えてくれなかったが、トリの席では応じてくれたため、持ちネタにすることができた。桂文都の「三枚起請」も同様のやり方で身につけたという。

弟子入りする際、師匠を選ぶにあたっては、兄弟子の多いところへ行くと頭が上がらず窮屈な思いをすると考え、大看板の師匠は避けて、当時の枝鶴に入門したという。見習いの前座修業の後、間もなく入営して3年間務め、帰ってくると「前叩き」になったが、その給金では生活できず、昼は大工仕事をし、それが終わると夕方から寄席へ出勤した。このような生活は師匠の枝鶴が四代目松鶴を襲名した明治41年頃まで続いたが、その頃になってようやく噺家で食べていけるようになった。

持ちネタを増やしたのは大正3年以降、神戸で出演した頃であった。同座する機会の多かった林家正楽に稽古をつけてもらい、次々に新しいネタを高座にかけていった。「猫の忠信」「仔猫」などはこの時に覚えたものである。

大正7年に二代目枝鶴を襲名した頃には、何か人の目に立つような活動をしようということで、若手連中で「つぼみ会」を結成して紅梅亭などで会を開いたが、後援してくれる人もあったおかげでこれが師匠連中の開催する日曜会よりも大入りになり、師匠連から目をつけられて解散の運びになった。また、昭和期に入って漫才が台頭すると、その人気を頼って落語家が漫才師に転向する例も出てきた。そうなると松鶴はまた、若手連中で「ピクニック」という会をつくり、趣向を凝らした落語会を開催した。こちらも師匠連の苦情で長くは続かなかったという。「噺家五十年」には誤りもいくつか見受けられるが、松鶴の素人時代から変わらない落語への情熱がよくうかがえる。この情熱があればこそ、『上方はなし』の発行や戦後の落語復興につながり、上方落語が今に残ることになったのだろう。戦後活躍する門人には子息の六代目松鶴や、二代目松之助らがいるが、多くの弟子を取り、その中から後継者を育てようとした姿勢もうかがえる。

（中川　桂）

二代目 桂春團治

【かつら・はるだんじ】
明治27年（1894）8月5日・生
昭和28年（1953）2月25日・歿

昭和28（1953）年2月25日、二代目桂春團治がこの世を去った。享年58。新聞各紙はこぞってその死を報じた。「これで大阪落語ともおさらばとなった。あっけない往生であった。春團治のことでなく、大阪の落語のあっけない一巻の終わりとなった意味である」（「朝日新聞」・大久保恒次）、「春團治は、松鶴・花橘・米團治亡きあとの暁天の一つ星だった」（「新関西新聞」・前田勇）、「戦後、松鶴・蔵之助・米團治・花橘・染丸と相次いであの世へ去って、ついに彼は大阪落語唯一人の生き残りであったのに、それも空しくなってしまった」（「大阪新聞」・牧村史陽）。二代目春團治の死は、一人の噺家の死としてではなく、〝大阪落語の死〟として報道されたのである。谷崎潤一郎も3月17日付の「毎日新聞」に「春團治のことその他」と題した追悼文を寄せている。

春團治の訃を伝えた大阪京都の諸新聞が、殆ど異口同音に「此れで大阪落語も滅びた」と云っていたが、いかにもそう云う感が深い。五十八歳と云う若さだから、せめてもう十年も生きていて後進の養成をしてくれたらば、大阪落語もまだまだ発展の余地があったと思う。此れからの大阪にだって落語はなくなりはしないであろうが、結局は東京落語と同じものになってしまって、真の大阪落語と云うものはやがて後を断つことにはなりはしまいか。故人はその師匠である先代の春團治に比べればなお大いに遜色はあったけれども、笑福亭松鶴なき後は、彼が大阪落語の第一人者であったことには恐らく誰も異存はあるまい。先代が生きていた頃の彼は福團治と云っていたが、その時分には色の白い、童顔の、円ぽちゃの、愛嬌たっぷりの男であった。そしてその顔は、実に大阪の顔を丸出しにした顔であった。ああ云う感じの顔は東京にもないが、京都にも決してない。又大阪から西の方に行ってもない。先代の春團治も此れ又大阪人らしい風貌の持ち主であったが、後の春團治に至っては、話術に於いては未だ先代に及ばないものがあったとは云え、風貌に於いては正に先代を辱めないものがあって、大阪も大阪、あくどいくらいの大阪顔であったと云える。而もその風貌と、口を突いて出る滑稽諧謔とが真に渾然と調和して、いよいよ大阪式雰囲気を濃厚に醸し出さずには措かなかった。話の巧拙は兎も角もとして、あれだけ濃厚に大阪の空気を発散する落語は他になかった。それは今も云う通り、口だけでなく、顔全体体全体でそれを現わしていた。

放送作家の長沖一も3月10日付の「朝日新聞」に「春團治が死んで大阪落語もおしまいだという。若手は、まだ、そのあとを継ぐほどに成長していない」と書いているが、〝大阪落語も滅びた〟という報道に接して、後の四天王、まだ若かりし頃の笑福亭光鶴（こかく）（6代目松鶴、239頁）、桂米朝（250頁）、桂福團治（三代目春團治、263頁）、桂あやめ（五代目文枝、272頁）は、「わしらは数にも入ってないねんな……」と口々にボヤいたという。

▩

二代目桂春團治、本名河合浅次郎は、明治27（1894）年8月5日、大阪市東区内久宝寺町に生まれた。子供の頃からの芸事好きで、明治43年には素人連に加わっている。その後、仁輪加（にわか）師の佐賀家円助の門人・円蝶となり舞台に出演していたところ、大正7年（1918）、新世界の劇場で初代桂春團治に「俺の弟子にならへんか」と声をかけられ入門、桂春蝶（はるちょう）を名乗る。大正10年6月には、その福々しい容貌から福團治と改名。初代の芸を受け継ぎ、吉本花月派の若手花形落語家として人気を集めた。

昭和9年11月1日、吉本せいの薦めもあり、初代歿後一カ月足らずで二代目桂春團治を襲名。南地(なんち)花月をはじめ吉本の各席で披露興行を行い、名実共に上方落語の大看板となった。ところが、漫才が寄席の人気を席巻しはじめた昭和10年代、春團治は地方巡業や専属契約、初代の借金などの問題をめぐって吉本興業と対立、確執は戦後まで続く裁判沙汰となった。

吉本からの訴訟により、大阪・京都・神戸・東京・名古屋・静岡では看板を上げて興行することができなくなった春團治は、漫才や浪曲、奇術、女道楽らと旅の一座を組み、各地で地方巡業を重ねる。この巡業公演のポスターの一つを描いたのが、なんと学生時代の手塚治虫(おさむ)であった。三代目春團治の死後、その遺品から肉筆画9枚が発見され、話題になったことは記憶に新しい。マンガの神様が原稿料をもらった初めての仕事であった。『ぼくはマンガ家 手塚治虫自伝1』には、春團治に声をほめられ落語家の道に誘われたこと、その後、こっそりと落語の練習をしたこと、「居酒屋」と「ずっこけ」を悪友の前で披露したことなどが記されている。

大阪に再び「桂春團治」の看板が上がったのは、昭和21年11月21日、大阪文化会館で開催された「第二回大阪落語を聴く会」であった。ところが、吉本の林正之助が乗り込み、これを阻止。夜の部を見た上田長太郎（芝有）は、翌日の「新大阪新聞」に「この日、春團治も出演するはずだったが、まだ吉本に籍があるので故障が入」ったと書いている。実際に春團治が寄席への復帰を果たしたのは、昭和22年の6月中席、京都の京極演芸館での「名流演芸大会」からであった。続く21、22日には奈良の有楽座、そして6月24日から29日には、大阪の四ツ橋文楽座の「第三回大阪落語の会」に出演、ついに春團治が大阪に戻ってきた。その後は、大阪における戦後唯一の落語定席「戎橋松竹」や、神戸の映画館シネマパレスを寄席に改装した「寄席のパレス」などを中心に活躍、東京の五代目古今亭志ん生（44頁）との二人会などにも出演している（『上方落語の戦後史』）。

ところが、昭和23年3月1日に京都新京極の富貴が寄席として開場したのをきっかけに、春團治は丹波家九里丸、四代目桂文團治（221頁）、四代目桂米團治（201頁）らと戎橋松竹を脱退、「浪花新生三友派」を旗揚げする。五代目笑福亭松鶴（180頁）を中心とした「戎橋松竹派」との二派に分裂した上方落語界は、同24年4月23日、大同団結の意味を込めて「関西演芸協会」を設立、会長の二代目旭堂南陵、副会長の笑福亭松鶴とともに、春團治も幹事に就任した。

昭和25年4月上席、戎橋松竹で「初代桂春團治追善 二代目桂福團治襲名披露興行」を開催、初代の十七回忌とともに、実子である桂小春、後の三代目春團治が福團治を二代目として襲名した。だがその矢先、春團治は映画『旗本退屈男捕物控』の撮影中に倒れ、心臓弁膜症と診断される。以後、入退院を繰り返すも、使命感と危機感から、病床で指示を送り続け、若手を積極的に起用するとともに、埋もれている芸人にも光を当て、上方落語の復興に力を尽くした。

昭和26年11月13日には、本放送開始3日目の朝日放送が『春團治十三夜』を放送、翌年2月5日まで、毎週火曜日の午後9時から30分、13回にわたって春團治の落語がラジオから流れた。これが現存する最古の上方落語のライブ音源『春團治十三夜』である。当初、番組は大阪中之島の朝日会館内の朝日放送第一スタジオに観客を100人ほど入れて収録されたが、あまりの人気のため、途中から同ビル内にある1600人収容の朝日会館ホールに会場を変更。演目は「阿弥陀池」「猫の災難」「いかけや」「壺算」「打飼盗人」「祝いのし」「豆屋」「黄金の大黒」「二番煎じ」「ろくろ首」「按摩矩撻」「青菜」「近日息子」、まさに春團治十八番ならぬ十三番であった。狛林利男によれば「『春團治十三夜』は大ヒットとなり、NHKの『君の名は』が女風呂をカラにしたのなら、男風呂をカラにする程の人気であった」（『春團治三代記』解説）という。

昭和28年1月中席、戎橋松竹において「桂春團治全快出演特別興行」を開催、「全快」とは名ばかりであったが、寺田町駅前にあった自宅から先代譲りの人力車で楽屋入りし、健在ぶりをアピールした。ところが、中日を過ぎたころに風邪をひいてしまい、千秋楽には体調が悪化、軽い噺で降りるつもりが、観客からのリクエストに応え、「祝いのし」を演じたところ、途中で気分が悪くなり噺を中断、見台（けんだい）をつかんでなんとか体を支えていたが、緞帳（どんちょう）が下りると同時に手を離して倒れ込んだ。これが二代目春團治の最後の高座となった。約一ヵ月後の同年2月25日、永眠。「友一人去りて淋しき花見酒」。兄弟分だった八代目桂文楽の追悼句である。なお、東京の落語ファンには文楽の出囃子としてお馴染みの「野崎」は、二代目春團治が使っていたものを、文楽が「東京へ来ている時は使わないから、俺にも「野崎」を使わせてよ」と直訴し、自分の出囃子として使うようになったものである。

▩

「野崎」の出囃子に送られて舞台袖から現れた春團治は、観客の拍手に応えて途中で一度立ち止まり、膝をついてお辞儀をする。そして座布団に座ると、手に持っていた扇子と手拭を見台の上に置き、横にある火鉢の上の鉄瓶から白湯（さゆ）を湯飲みに注いで、軽く喉を湿らせる。口元を拭いた手拭を高座の床へと下ろし、右手に扇子を軽く持ち、左手に持った小拍子で見台をビシャッと叩いて出囃子を止める。その間、出囃子はずっと鳴りっぱなし。二代目春團治は、高座への出一つをとってみても芸になっていたという。

ちなみに、太っていてお腹が出ていたので、下を向くのが億劫だったらしく、見台は必ず用いていた。また、マクラがめっぽう面白く、時間のない時にはマクラだけで降りてくることも珍しくなかった。子供のマクラに酒のマクラ、さらにちょっと色気がかったマクラまで、まさに抱腹絶倒。なかでも「いかけや」のマクラが秀逸であったという。

得意な演目は、『春團治十三夜』で放送された噺のほかに、「うなぎ屋」「蛇含草（じゃがんそう）」「ふたなり」「厄払い」「寄合酒」等々。速記は少なく、『サンデー毎日』に福團治時代のものがいくつか掲載され、春團治襲名直後に発刊された『月刊春團治』にもわずかながら収録されている。また、速記ではなく読み物の体裁になっているが、『ヨシモト』にも数篇が収められている。レコードは初代ほどではないにしても、SP・LPともに多くの演目が吹き込まれ、発売されている。

もっちゃりとして人懐っこい声に、ずんぐりむっくりした「とっくりみたいな体つき」（三代目春團治）、色白の顔といった、大阪の色と匂いが濃厚な話芸によって、初代譲りの笑いの多い噺や艶笑噺を受け継ぎ、漫才が主流となった大阪の寄席において、落語家として爆笑と拍手をかっさらい、絶大な人気を誇った春團治。桂米朝は、上方落語史のなかで二代目が果たした功績について、次のように述べている。

それとやっぱり落語ちゅうようなもんを、何も知らんような人が聞いても二代目の落語は面白かった。落語が面白いもんやと思わした、というのはね、これはまあ一番えらいこっちゃ。そんなあんた、浸才やら、立ち物やら浪花節の間へ出て、旅でやで」(『桂春團治 はなしの世界』)。

例えば、昭和22年11月1日に開場した「寄席のパレス」の初興行のポスターを見ると、笑福亭松之助や桂米團治、橘ノ圓都、桂春輔の肩書がただ「落語」となっているのに対して、春團治だけが「滑稽落語」と記載されている。一部の人からは「あれは落語やない」「一人漫才にすぎん」とも言われたというが、春團治の落語は、なによりもまず〝滑稽〟で面白い落語だったのである。また、二代目旭堂南陵は、厳格で、細心の注意と工夫をこらし、納得がいくまで研究せずにはいられなかった春團治を「芸の虫」(『徂春帖』)と称え、五代目桂文枝は「二代目春團治師匠の噺は非常にキメの細かい、実におもしろい結構な噺でした」(『あんけら荘夜話』)と語っている。その滑稽で面白い落語は、確かな理論と研究に支えられていたのである。

演芸作家の三田純市は、子供の頃に聴いた初代春團治の「滑稽な効果音」としての落語と比べて、二代目の落語を「『効果音』の部分が押えられ、逆に落語本来の筋や洒落のおもしろさが表面に出てきた」と述べ、「だから人によっては、二代目の春團治を先代よりも高く評価する人もあり、私もその意見に半ば賛成ではある」(『上方芸能《観る側》の履歴書』)と、初代よりも二代目の落語を高く評価している。二代目桂春團治、その死が〝大阪落語の死〟として語られるに相応しい巨(おお)きな落語家であった。

門下からは、三代目桂春團治、二代目露の五郎兵衛、三代目桂文我らが育ち、師の死によって「滅びた」とまで言われた上方落語を復興させ、今日の隆盛へと導く大きな力となった。

(宮　信明)

四代目 桂米團治

【かつら・よねだんじ】
明治29年（1896）9月3日・生
昭和26年（1951）10月23日・歿

昭和58年（1983）10月20日、大阪朝日生命ホールで「四代目桂米團治三十三回忌追善落語会」が開催された。その中で行われた座談会「桂米團治をしのぶ」の冒頭、弟子の三代目桂米朝が「上方落語協会に、今、百人ばかりおりますが、うちの師匠を知ってるという噺家は、五、六人しかおりません」と始めているが、四代目米團治を直接知っている噺家は、米團治宅に居候をしていたこともある二代目笑福亭松之助（大正15年・1926 平成31年・2019）がこの世を去った今、もはや一人もいないのではないだろうか。もちろん、このような状況は演者だけに限ったことではない。今の落語ファンの中に米團治を生で聴いたことがある人は、もうほとんどいないだろう。いたとしたら余程の高齢である。おのずと四代目桂米團治という噺家の位置づけは、人間国宝桂米朝の〝師匠〟といった認識になってしまうのも、致し方ないことなのかもしれない。

先の座談会では「こういう時はたいがい誉めないかんのですが、今も楽屋で誉めない話ばっかりが出るんでございます」と、米團治を〝しのんで〟奇妙なエピソードの数々——猫を浄瑠璃で殺した話（「猫の災難」）、空襲の際に逃げもせず逃げまどう人びとをスケッチしていた話、舞台着のまま万年床で寝ていて嫌がられた話、律儀な人ですぐに礼状を書くが出すのを忘れる話、〈日本産、人間（仔）〉〈餌やることお断り〉と書いた自家製の歩行器に自分の子供を入れて遊ばせていた話など——が次々に披露される。「最も落語家らしくない落語家で、最も落語家らしい落語家」（『上方落語よもやま草紙』）とは、当時の米團治を評した言葉だが、四代目桂米團治とは、はたしていかなる噺家であったのだろうか。

■

本名中濱賢三。明治29年（1896）9月3日、大阪道頓堀生まれ。同40年に小学校を卒業、叔父の経営する鏡卸商で働く。44年11月、三代目桂米團治に入門、二代目米之助を名乗り、堀江の賑江亭（しんえてい）で初高座を踏む。前座時代に楽屋で『中央公論』を読んでいたところ、社会主義者かと疑われ、仲間内から怖れられたという。大正11年（1922）、吉本興行部

（現吉本興業）が、自身が所属していた浪花三友派を合併したため、翌春に吉本を脱退、落語家を廃業した。昭和8年（1933）、桂小春團治、林家染之助とともに「桃源座」を組織し、10年ぶりに落語家に復帰するも、半年ほどで再び芸界を退く。同11年8月、五代目笑福亭松鶴の主宰する「楽語荘」に参加。機関紙『上方はなし』に「中濱静圃」ほかのペンネームで、「近世落語家伝」「漫画漫文「おやじ」よ恕せ」「殺された龍馬」などの読み物や小説を発表、後に同誌の編集を担当し、楽語荘主催の「上方はなしを聴く会」に出演した。なお、これらの著述の多くは『四世桂米團治寄席随筆』（岩波書店）に収録されている。

昭和13年には代書人（行政書士）の資格を取得し、大阪市東成区大今里町629の自宅で中濱代書事務所を開業。その時の経験から新作落語「代書」を創作し、同14年4月15日に生玉御旅所境内松竹座で行われた「上方はなしを聴く会」で初演、口演速記が『上方はなし』第46集に掲載されている。後に弟子の桂米朝から三代目桂春團治、二代目桂枝雀らへと受け継がれ、多くの演者が手がける人気演目となった。平成21年5月には、初演七十周年を記念して同地に四代目桂米團治顕彰碑が建立されている。

師三代目米團治の死去に伴い、昭和18年10月、四代目米團治を襲名。20年11月21日に四天王寺本坊客殿で開催された戦後初の落語会、復興第1回「上方はなしを聴く会」のプログラムには「米之助改め桂米團治」と記されているが、正式な襲名披露が行われたのは21年10月13日、天満天神社境内参集所での第3回「上方はなしを聴く会」においてであった。米團治は「たちきり線香」を演じ、口上には五代目笑福亭松鶴、初代桂春輔が並んでいる。

　この時期の米團治は、五代目松鶴、二代目春團治と並ぶ上方落語界の中心的な存在として、「大阪落語を聴く会」（大阪文化会館）や「上方趣味　第一回大阪落語の会」（四ツ橋文楽座）、戎橋松竹の柿落し公演「東西落語演芸会」といった主だった落語会には必ず出演している。昭和25年7月22日に五代目松鶴が鬼籍に入った後は、渡辺均が述べる通り、まさに「大阪落語の伝統は、松鶴歿き後、今や一に彼の双肩にかかっている」（「桂米團治の巻」『或る情痴作家の〝遺書〟―渡辺均の生涯―』）という立場となった。さらに続けて渡辺は書く。「米團治は既に松鶴生前から、事実、松鶴以上の伝統主義者だったし、又それを強く主張し且つ実行してきた人である。そして慾得を離れた純粋派でもあることは、その頑固さと結びついて、彼自身、何ぼうか損をし続けていることにちがいない」と。

　四代目米團治は、〝純粋〟で、そして〝頑固〟な噺家であった。ある時、米團治が戎橋（えびすばし）松竹で「つる」を演じたものの、まったく受けない。それを見ていた丹波家九里丸（くりまる）から「もう「つる」は止めなさい。絶対に演ったらいかん」と注意を受けたが、「別に受けなんでもかまへん。俺の芸は俺のもんや」と言い、「つる」を高座にかけ続けた。また別の日に、京都新京極の富貴で自作の「代書」を口演したところ、大いに受けた。今度は九里丸から「あんた「代書」ばっかり演りなはれ、あれを演ったら受けるさかいに、他のネタは演らんと「代書」ばっかり演ってたらよろしい」と言われ、自分の芸が否定されたような気がして、またしても10日間昼夜で「つる」ばかり演じた。米團治はこの「つる」という噺が好きで、弟子の米朝に「「つる」という噺は落語のエッセンスやで。短い中に落語の話術のほとんどすべてのテクニックが揃っている」と語ったという。

そしてまた、四代目米團治という噺家は、己の信じた落語道に純粋なまでに一途であった。中濱靜圃の筆名で『上方はなし』の第10、11集に掲載された随筆「真の落語」では、タイトル通りの生真面目な落語論が展開されている。

真の落語は、落語家自身が具さに世の辛酸を嘗めた自己の体験によって、適宜に題材を消化して語るべきものである。されば落語は即座に人生の縮図となって、その一言一句に聴者の胸を打つ力が生じる。可笑し味の裡に教えられ示され悟らせらるる醍醐味に陶然たる聴者と、吾を忘れて三昧境に入る演者とが渾然と合体して芸術の世界に遊ぶ面白さは、実に筆舌の尽すところではない。

ただ噺を暗記して喋ったのでは、いかに上手くとも価値はない、「自分自身が落語そのものになり切ってしまって、その自分をボツボツ語り表すのが真の落語」であり、そうでなければ芸に生命が宿るわけもなく、生命のない芸に人を魅了する力がないのは当然であると、米團治は説く。さらに、そのためには、「落語は絶対にくすぐってはいけない。くすぐりは落語を滅亡に導く恐るべき大敵である」（「再び「噺の味」に就て」）とも述べている。人をことさらに笑わせようとして、妙な顔をして見せたり、奇声を発したりするのは落語ではなく、「落語は芸術でなければならぬ」（「上方落語の研究――私の体験から割り出した芸道」）と言って憚らない。いかにも純粋で頑固な米團治といったところだろうか。

　とはいえ、純粋と頑固とが結びついて、「彼自身、何ぼうか損をし続けている」と渡辺が指摘するように、晩年の米團治は演芸場での活動に見切りをつけ、独自の道を歩むこととなる。後援会が主催した「米團治を聴く会」を大阪と京都で開催し、昭和25年1月からは、毎月「米團治会報」が会員に配布された。同年12月、米團治は自身の落語の口述とともに、その心得と仕草などを詳細に記した『上方落語台本 つる』を上梓する。翌年4月には、関西学院大学古典芸能研究部芸術顧問に就任、5月26日には「第一回関学上方落語研究会」を開き、「高津（こうづ）の富」「猫の忠信」の2席を演じている。

同年10月22日、キリスト教関係の母子寮である大阪赤川ホームの慰問奉仕に出演した米團治は、「無筆の犬」「風呂敷丁稚」を口演した直後、脳溢血（のういっけつ）で倒れ昏睡状態となった。一時小康を得たが、翌23日、永眠。55歳の若さであった。「今に想像も出来んええ時代が来る。世の中が落ち着いて来たらな、これほど洗練された笑いの芸はないんやさかいな。失ってしまうてなことは絶対にない」と、落語の未来を確信していたという。歿後、11月3日付で『上方人情ばなし 定本 弱法師』が関西学院大学古典芸能研究部から刊行された。

幼くしてキリスト教に帰依し洗礼を受けたものの、葬式は仏式で挙げているのが、いかにも落語家らしい。通夜の席で酒に酔った桂米之助と笑福亭松之助が、「らくだ」の趣向で死人にかんかんのうを踊らせようとしたエピソードは有名である。笑福亭光鶴（こかく）（六代目松鶴、239頁）は、酒を飲みながら「お師匠はん、わかってまっせ。早う棺おけから出てきなはれ」と大声を上げていたという。米團治の十八番「せむし茶屋」のパロディである。

正岡容（いるる）や弟子の米朝、米之助が口を揃えて言うように、米團治の高座は地味で陰気であった。声に力がないこともあって広い会場ではその巧さが伝わらず、勢い人を巻き込む魅力に欠けていた。米朝によれば「他の人が演ったら華やかになるような演目でも師匠が演ると何やら渋い味の噺になってしまう。クスグリ――ギャグでもグッと押して笑わすという演出ではなく、引く呼吸で皮肉な可笑し味を誘うといった芸風であった」（『四世桂米團治寄席随筆』）という。だからこそ、同じ引く芸の六代目林家正楽と初代桂萬光を大崇拝し、マクラを振る時によくする咳払いの癖は、「萬光はんのままや」（五代目松鶴）と言われた。

戦前の評には、噺が「理屈に負けている」（伊勢三郎「楽語荘同人印象　其ノ二――桂米之助論――」）といった論調が多く見受けられるものの、戦後は、堅実で洗練された芸風が聴き巧者の耳を楽しませていると、少しずつ評価の幅を広げていった。正岡は「立派に玄人以外にも米團治ファンができ、同君の落語界における存在も、貢献も、よりよきものと」なるよう「米團治君の今後の痛烈なる落語精進」が「米團治話術最終のかがやかしい完成として頂きたいと、切に望んでやまないのである」と、昭和25年4月に書かれたエッセイ「米團治話術に望む」を結んでいるが、まさにこうした矢先の死だったのである。正岡は「弔詞」として『上方人情ばなし 定本 弱法師』に文章を寄せ、「漸く松鶴兄亡きあとの上方落語の文化面を担任開拓の端緒を見むとした寸前の訃であります　私共切歯扼腕せざるを得ません」と故人を偲んでいる。

得意演目は、自作の「代書」のほかに「猫の忠信」「質屋蔵」「親子茶屋」「菊江仏壇」等々。また短い落語や小咄にもえもいわれぬ妙味があったという。ネタ数は少なくなかったが、「持ちネタというのは十ォぐらいのもんやな。ちょっと点を甘くしてもまあ二十か。増やそうといろいろ苦労して、やっと一つ増えたと思うたら、いつのまにか一つ減ってい る。常に一定数しか持てんもんや」というのが口癖であった。弟子には米朝、米之助、米治郎がおり、演目の多くは門人たちによって受け継がれている。

■

ここで桂米之助についても、ひと言触れておきたい。本名矢倉悦夫。昭和3年(1928)11月8日、大阪市東成区生まれ。同22年7月、大阪電気局(現大阪市交通局)に在職のまま米團治に入門、師の前名「米之助」を名乗る。落語家を本職とはせず、交通局に勤務する傍ら、上方落語の復興に努めた。同47年には自宅のあった東大阪市に私費で「岩田寄席」を開き、関西における地域寄席の先駆けとなった。後進の指導、育成に尽力し、58年には上方お笑い大賞功労賞を受賞。古希を迎えた平成10年11月には大阪のワッハホールで古希記念独演会を開催している。翌11年3月5日、肝不全のため逝去。恬淡(てんたん)として欲のない芸風は、師匠米團治に最も似ていると評価され、五代目米團治襲名の話もあったというが、現実になることはなかった。なお、平成20年10月に、米朝の長男で四代目にとっては孫弟子にあたる三代目桂小米朝が五代目米團治を襲名している。

桂米朝には、晩年しきりに思い起こされる師米團治の言葉があった。

芸人は、米一粒、釘一本もよう作らんくせに、酒がええの悪いのと言うて、好きな芸をやって一生を送るもんやさかいにむさぼってはいかん。ねうちは世間がきめてくれる。ただ一生懸命に芸をみがく以外に、世間へお返しの途はない。また、芸人になった以上、末路哀れは覚悟の前やで。

■

米團治の凄いところは、55歳で亡くなるまで、その独自の精緻で確乎たる理論と、天性の純で初々しい実践を共存させ、「一生懸命に芸をみが」き続けていたことである。それは時に、思いの強さゆえに噺が必要以上に重々しく陰気な表情を持ってしまい、「理屈に負けている」と評されることもあった。しかし、特に戦後は「米團治の存在が貴重なものとしてここに大きく浮かび上がってきた」(「桂米團治の巻」)と高く評価された。理論と実践の融合に成功しつつあったのかもしれない。米團治のこの試みは、志半ばでついえることとなったが、弟子の米朝によって大成され、さらにその弟子や孫弟子、玄孫弟子へと受け継がれ、その芸脈は上方落語界の大きな潮流となって今に至る。四代目桂米團治、その真価は今後ますます高まっていくことだろう。

(宮　信明)

三代目 林家染丸

【はやしや・そめまる】
明治39年（1906）3月25日・生
昭和43年（1968）6月15日・歿

戦後、二代目桂春團治らが次々と世を去った時に「上方落語は滅亡寸前」であるとか、さらに「滅びた」などと言われたのは知られるところだが、この人が林家一門を引き継いでいかなければ、あるいは上方の林家一門は本当に滅んでいたかもしれない。

三代目染丸は、義太夫の竹本小七五三太夫（こしめだゆう）の子として大阪で生まれる。12歳の時、父と死別し、親戚の帽子問屋へ預けられた。このような丁稚奉公は、それ以前の世代にはさほど珍しくなかったかもしれないが、戦後活躍した落語家としては、落語に描かれる商家の世界を肌で知っているという点でも貴重な体験であったと思われる。三代目染丸以後で丁稚奉公を経験しているのは、正確にはわかりかねるが、おそらく六代目笑福亭松鶴（しょかく）くらいではないだろうか。

落語とのかかわりは13歳の時からで、三代目桂文三門人の桂次郎坊から、本名が駒次郎であるところから「桂駒坊」の名をもらって素人落語を続けていた。のちに大橋家の養子となり、芸名も「大橋亭駒坊」と改める。ちなみに、本名が大橋であるところから、今も林家一門の落語にはよく噺の中に「大橋さん」なる人物が登場する。

昭和7年（1932）、素人落語コンクールに出演した時に二代目林家染丸に見出され、この年6月に正式に入門、染五郎を名乗る。同年8月、大阪三越劇場が初舞台（三代目染丸襲名披露プログラムによる）。のちに東京落語の人気者である柳家金語楼にあやかって、染語楼と芸名の表記を改めた。

昭和19年に召集され、同21年7月に復員。その後しばらくは夫人の実家で商売をしており、一時落語から離れていた。帽子卸問屋に勤めたのち、大阪府の消防署に勤めたという。ところが同27年11月に二代目染丸が死歿。その後、上方落語復興のために染語楼クラスのキャリアを持つ落語家がどうしても必要であるとの声が高く、芸界への復帰が要請され、上方落語界に戻ることになった。この時、染丸が復帰の決断をしていなければ、上方落語界が今日の隆盛に至るのは大幅に遅れていたかもしれない。そして林家一門が上方落語の一派から欠落していたかもしれないのである。

昭和28年8月上席（1日から10日）、戎橋松竹において、光鶴改め四代目笑福亭枝鶴（六代目笑福亭松鶴）とともに、染語楼改め三代目林家染丸の襲名披露が行われた。三代目を襲名することについては二代目染丸の遺書に記されていたという。襲名披露興行では東京から桂小文治、桂枝太郎、二代目桂伸治（十代目文治）が加わり、上方側は枝鶴と染丸のほか桂福團治（三代目春團治）、漫才の都家文雄・静代、浪花家市松・芳子、浮世亭歌楽・ミナミサザエ、講談の旭堂南陵らが出演した。この時、襲名披露興行のプログラムには「口上」と記されているが、従来のオーソドックスな襲名披露口上に代わって、一風変わった口上が計画されている。それを知りうる浪花家市松旧蔵の「襲名披露口上演出プラン」と題された台本が大阪府立上方演芸資料館に保存されている。この台本によれば、いきなり一同が居並んで挨拶を述べるという形式ではなく、1、2名ずつが順番に登場して挨拶するという形になっている。台本には登場順に、歌楽、文雄、市松と枝太郎のコンビ、南陵、小文治の口上案が載り、この中で市松と枝太郎は二人の掛け合いで、寸劇……というよりも大阪伝統の「俄」の雰囲気で口上を述べる形である。そして最後に全員が居並んで挨拶する、という形式が読み取れる。戎橋松竹はこの時期には落語中心の寄席ではなくなっており、漫才などが主体の演芸場に似つかわしい披露口上が計画されたのだろう。

その後、林家の噺家としては三代目染語楼（一・二）とともに戦後の落語界を支え、のちに染三、四代目小染（298頁）、染二（四代目染丸）らを育てた。また、月亭可朝が「林家染奴」として入門したのも三代目染丸であった。彼らは林家のネタを受け継ぐ一方で、マスコミでも活躍して落語家の存在感を高めた。

さて、戦後間もない時期に後の「四天王」らの入門者が現れ、将来への拡大が期待された上方落語界にとって、昭和ひとケタに入門したキャリア20年程度、当時の染丸クラスの落語家が先導役として存在したことは大きな意味があったといえる。その証拠には、昭和32年4月に上方落語協会が結成された時に、橘ノ圓都（230頁）、四代目桂文團治（221頁）ら長老格の噺家は顧問のかたちをとり、染丸が初代会長に就任して若手の取りまとめ役を務めている。会長職は同43年に歿するまで続けた。在職中は自宅の玄関にも「上方落語協会会長」の、表札というより看板を掲げていたという。その年の4月26日にサンケイホールで行われた「上方落語名人会」で演じた「猿後家」が最後の高座となる。一席終えて立ち上がる時に舞台で倒れ、そのまま二カ月ほど入院したためその後は高座に上がることはなく、6月15日に肝臓がんのためこの世を去った。

高座に登場する時はいつも満面の笑みで、「えべっさんが百万円拾ったような顔」などと形容された。また開口一番に「エー林家染丸でございまして、本名を長谷川一夫と申します」というのがパターンであった。つねに愛嬌にあふれ、それを生かすように陽気な人物が活躍する噺を好んで演じた。得意ネタは「猿後家」「百年目」「太鼓腹」など。今日では珍しい「源兵衛玉」や「鶴満寺(かくまんじ)」なども、三代目染丸からの流れで現在に伝わっている。「淀五郎」といった歌舞伎役者を扱うネタ、「稲荷俥(ぐるま)」のような小品など、イメージ以上に持ちネタの幅は広い。愛嬌のある風貌から幇間の登場する噺に持ち味を発揮し、さきの「太鼓腹」を筆頭に、「茶目八」などを好んで演じた。また、幇間ではなくとも「ふぐ鍋」で旦那の宅へ遊びに来て機嫌を取る「大橋さん」や、「猿後家」で御家(おいえ)さん（御寮人）を喜ばせて小遣い銭を得る「太兵衛」など、ともかく幇間的な気質の人物が出てくる噺では独自の面白さを発揮した。

朝日放送による『ＡＢＣ上方落語をきく会』には、第1回の昭和30年12月1日から、頻繁に出演している。すでに記したネタも含めて、林家のネタである「ふぐ鍋」「堀川」「お文さん」「応挙の幽霊」「景清(かげきよ)」「腕喰い(かいなくい)」「ちゃめ八」などをはじめ、「首屋」「ざこ八」「須磨の浦風」「莨(たばこ)の火」「片袖」など、演じ手の少ない貴重な噺もそこで演じている。ほかにも記録には「いらち俥」「鹿政談」「うなぎや」「宇治の柴船」「運まわし」が見え、演し物は意識して様々なものをかけていた気配が感じられるが、上記の中で「ふぐ鍋」「首屋」「ざこ八」は2回演じている。「景清」「応挙の幽霊」「ふぐ鍋」は二代目染丸の得意ネタで、それらはしっかり自身も得意の演目として受け継いでいた。会長に就任してからはトリでの出番も増えているが、歿する2年前にあたる昭和41年7月4日、第31回においてトリで「寝床」を演じたのがこの会最後の出演となった。

NHKの落語会で収録された音源がいくつか残されており、現在はCDの『ビクター落語・上方篇』で市販されている。先述した演目のほかには「らくだ」「三十石」「宿屋仇」「悋気の独楽」「花筏」が収録されており、中では「三十石」に古き良き上方情緒が感じられる。また、戦後の上方落語家では個人のものとしては初のLPレコードを出している。こちらも現在はCDで聴くことができる。それには「阿弥陀池」「借家怪談」「尻餅」「隣の桜」の、短めに演じた4席が収められている。

染丸襲名から数年の時期には、ここぞというところでトリを任された時は師匠譲りのトリネタである「景清」を披露することが多かった。戎橋松竹では昭和29年3月21日から「戎松日曜落語会」が再開されるが（『上方落語の戦後史』）、その第1回でトリを勤めた染丸は「景清」を演じている。京都市民寄席の第1回公演（昭和32年9月23日）のトリで出したのも「景清」であったし、33年10月21日に大阪三越劇場で行われた、二代目染丸追善の三越落語会のトリでは当然のようにこの噺を演じている。

マスコミでは毎日放送テレビの『素人名人会』で、昭和35年の番組開始当初から審査員として活躍し、広く顔を知られるところとなった。体調の悪化のため、同43年4月末で『素人名人会』は降板している。また、映画出演も多く、関西の喜劇人らが多数出演した「まげもの」（時代劇）のコメディ映画にたびたび出演している。これは同じ監督から何度も声をかけてもらったためだという。

『桂米朝集成』第四巻「落語家と珍談奇談　染丸・文団治・松鶴・花橘」によれば、軍隊時代に営内で花札をこしらえ、たびたび興じていた。ついに花札が見つかり、作り主が詮議されるおり、一同はかばいあって製作者を口に出さなかったが、すぐにばれてしまったという。なぜならば花札の裏に「大橋駒次郎」と印刷されており、つまりは自身の名刺でこしらえたものだった……とは、いかにも噺家らしいエピソードである。また同書には「『大阪落語』の将来」と題する、桂米朝との対談も収録されている。そこでは、寄席が増えてほしい、天才的才能を持つ落語家が現れてほしい、など昭和31年当時に上方落語界が抱えていた切実な問題が語られている。

今回の執筆に際して、当代・四代目林家染丸師に三代目師匠のお話をうかがうことができた。四代目は昭和41年の入門で、弟子として過ごした期間は限られていたが、晩年の三代目を身近で見ていたことになる。三代目染丸は義太夫の太夫（語り）の息子であったが、子供の頃に死別している。その縁で義太夫節の入るネタを多く持ちネタにしていたが、それらの多くは義太夫関連のネタを豊富に持っていた橘ノ圓都から教わったものである。

自身が得意ネタと位置付けていたのは「景清」と「堀川」であった。所属していた吉本興業の看板落語家として、なんば・梅田・京都の花月劇場の出番も多くこなしていた。劇場の短い出番では「相撲場風景」を演じることが多く、まれに「勘定板」も演じていた。

酒好きで、終演後に皆を連れて飲みに行くのを好み、吉本興業での劇場出演の時も、漫才の芸人なども引き連れてよく飲みに行っていた。四代目が入門した頃にはすでに吉本での地位も高く、かなり重用されていた。

四代目染丸師が弟子としてついていた頃は、午前に自身の落語の稽古をして、午後から仕事を勤めるというかたちが多かった。放送で一席演じる前には、自宅で所要時間を計りながら稽古をしていた。弟子に稽古をつけるのが嫌いだったので、教えを乞いたい時にはいろいろ工夫して稽古をしてもらったという。弟子としてついていた期間は短かったが、「阿弥陀池」と「隣の桜」は師匠から教わった。

先述の通り、戦後に落語のLPレコードを出したのも上方では最初だった。ご贔屓に配って喜ばれたが、商売をしている先などではこちらから先にレコードを渡すことで、先方の品物をいただきやすくなる、などお店のサービスを受けることもあり、その面でもレコードの進呈は有効だったという。このエピソードなどは、三代目染丸自身が幇間的な気質を持ち合わせていたことをうかがわせ、くだんの得意ネタにも納得がゆくところがある。

■

ここで、林家一門の三代目林家染語楼にも触れておきたい。この染語楼は大正7年生まれで、昭和12年に二代目染丸に入門したので、三代目染丸のおとうと弟子にあたる。当初の芸名は小染（三代目）であった。落語家として生活するのが難しい時期だったため、昼は家業の時計屋に勤め、夜は高座に上がっていた。戦時中には消防官も経験している。

昭和25年から新作落語に絞り、自作の新作を演じた。同30年7月からは芸名を「一（かず）・一（はじめ）」と改めたので、仲間内ではその表記から「ピンピンさん」と称された（「ピン」は一の意味）。そして37年4月に、三代目染丸の前名である染語楼を、三代目として襲名した。

『古今東西　落語家事典』によれば、自作した新作落語は60本ほどあり、すべて自演であった。いずれも戦後を中心とする世相を反映した時代色の濃く表れたものだが、独特の切り口のためか、時代が変化して内容が古びても、演じられなくなるということがなく、むしろ独特の面白味が残ったものになっている。新作を専門に演じる者がほとんどおらず、「新作派」といった分類もされなかった時代に、ひたすら自作の新作を演じた個性は上方落語の歴史に留めておきたい。サラリとした語り口も新作を演じるのに向いていた。「青空散髪」「市民税」「食堂野球」「お好み焼き」などが代表作で、「食堂野球」（このタイトルも「プロ野球」のかつての名称である「職業野球」のもじりである）を演じる際には、野球のユニフォーム姿で、座布団に座らずに立ち高座で演じたりするなど、既成のかたちにこだわらない演じ方も見せた。

昭和50年に歿したが、実子の四代目染語楼が、前名の市染時代から「青空散髪」「市民税」などを受け継いで演じており、その四代目の歿後は、三代目の孫にあたる当代林家市楼（いちろう）にそれらのネタが受け継がれている。また「青空散髪」などは、現在も林家一門以外の噺家にも継承されて、現代上方落語のレパートリーの一つとして伝えられている。

（中川　桂）

四代目 桂文團治

【かつら・ぶんだんじ】
明治11年（1878）8月6日・生
昭和37年（1962）12月14日・歿

四代目桂文團治は、筋骨隆々とした大柄な体躯と凄みのある風貌、前屈（まえかが）みに速足で歩くその姿から、「ゴジラ」と綽名（あだな）された。通称「ゴジラの文團治」。重々しくも堂々とした印象を持つ上方落語の大名跡「文團治」と、昭和29年（1954）に公開、その後シリーズ化された東宝の特撮怪獣映画『ゴジラ』を組み合わせた命名の妙が、いかにも芸人の洒落といった趣でバカバカしくも可笑しい。もっとも、桂米之助によれば、ちょっとした仕草になんとなく人間離れしたところがあり、「本来は実在する霊長目の一種属の名を冠したいのだが、それではあまり畏れ多いというので近似音を選んだ」（『上方落語よもやま草紙』）という。「ゴリラの文團治」改め「ゴジラの文團治」といったところだろうか。

四代目桂文團治、本名を水野音吉という。ゴリラやゴジラとは似ても似つかない綺麗な名前だ。明治11年（1878）8月6日生まれ。本籍地は京都市下京区。同23年、製本工となるも続かず、この頃より素人連に参加。27年5月20日、二代目桂米團治（三代目文團治）に入門して麦團治。37、38年頃に京都の初代三笑亭芝楽（初代桂文光）門に移り二代目小芝、同時期に水芸の吉田菊五郎（二代目菊丸）一座に入り榊光一の名で後見役を勤めている。明治41年頃には、秋月桂太郎らの新派劇団に加わり、水野光一の名で舞台を踏んだ。大正3年（1914）頃からは三友派の依頼で初代三升紋弥（三升家紋右衛門）と巡業、その後、紋弥の身内となり紋兵衛を名乗っている。

再び麦團治に戻るも、大正10年には講談師杉山文山となり、講談をする時は文山、落語をする時は麦團治の名で高座を勤めた。ちなみに、杉山の姓は自宅のあった森之宮の杉山町に由来する。昭和6年から妻が亡くなる昭和10年までは、東京で曽我廼家五一郎一座の頭取として活躍。帰阪後は地方巡業が多くなり、朝鮮半島や台湾にまで足を延ばしている。落語と講談のほか、客の注文に応じて品物を取り出してみせる「霊狐術」、米粉をこねて動物や花などをこしらえる「新粉細工」など、様々な芸を披露し、戦時中は軍事講談で糊口を凌いだ。まさになんでもござれである。

「わしは若い時分、大阪にじいっと居らなんだ」(「戦後上方落語史の人びと」『上方芸能』93号)と本人が述べるように、若い頃から旅回りが多く、旅先での様々な経験によって、その場の客の好みに合わせる技巧や、上演時間を伸縮自在に調整する技術を身につけた。その時いささか荒削りながらも、サービス精神旺盛で、「芸人に下手も上手もなかりけり行く先々の水に合わねば」の教えを地で行く、文團治の落語を作り上げていくことになったのである。

戦後、五代目笑福亭松鶴(しょかく)(180頁)の呼びかけに応じて落語界へ復帰。70歳にならんとするところであった。昭和21年頃に四代目桂文團治を襲名するも、上方落語が危機に瀕していた戦後の混乱期、華々しく襲名披露が行われるわけもなかった(実際は、かなり以前から旅興行などで文團治を名乗っていたようだが、横槍が入ると「ぶん團治やおまへん。ふみ團治でおます」と逃げていたという)。同年10月2日から大阪文化会館で開催された「大阪落語を聴く会」の第1回公演では、昼の部に「いかけや」を、夜の部に「口入屋」を高座にかけている。また、同22年3月24日から26日の3日間、四ツ橋文楽座で開催された「上方趣味　第一回大阪落語の会」の初日には、昼の部に「駱駝(らくだ)」を、夜の部に「質屋蔵」を演じるなど、上方落語界の最長老として重んじられた。

大阪では戦後初の、そして唯一の本格的な寄席であった戎橋松竹にも定期的に出演していたが、72歳になった頃から体調を崩し、第一線を退いている。とはいうものの、放送局の公開録音やここぞという会には顔を見せ、健在をアピールした。昭和28年5月13日から大阪中央放送局（NHK大阪）第1スタジオで開始された「BK上方落語の会」では、トリで「いかけや」を演じている。

昭和30年3月14日、奥村寿賀男という青年が文團治の門を叩いた。青年は桂文光と名づけられ、その後、同34年2月に桂文紅（四代目、285頁）と名を改めている。

昭和30年12月1日、不定期ながらも現在まで続く「上方落語をきく会」の第一回目が三越劇場で開催された。朝日放送入社からわずか三カ月の澤田隆治が、戎橋松竹派と宝塚新芸座派に分かれて活動していた上方落語のメンバーを一致団結させるために発案した企画であった。演者と演目は、澤田が笑芸作家の香川登志緒と相談して決めたという。この記念すべき第1回目のトリが文團治の「らくだ」である。澤田は、「引退していた桂文團治師の家を訪ねて上方落語復活のために出演をお願いして「らくだ」をリクエストした」（『笑いをつくる 上方芸能笑いの放送史』）という。なお、文團治は「上方落語をきく会」に計12回出演、その内の9回でトリを取っている。上方落語界の大同団結に際して、文團治が若手を束ねるための重石となったのである。また、東使英夫によれば、昭和30年代前半、新日本放送（32年に毎日放送と改称）に熱狂的な文團治ファンのプロデューサーがいて、文團治の落語の放送が相次いだという（「四代目桂文団治三十三回忌――ラジオの時代とながら族発生事情――」）。

昭和32年4月12日に設立された上方落語協会には、二代目旭堂南陵、橘ノ圓都（230頁）、三代目笑福亭福松、四代目桂文枝とともに、文團治も名誉会員としてその名を連ねている。昭和32年5月4日に道頓堀文楽座別館4階で開催された上方落語協会主催の落語会第一弾「落語土曜寄席」においても、文團治は南陵、圓都とともに「御挨拶」に並んでいる。

持病の喘息に悩まされながらも長寿に恵まれ、80歳を過ぎてからも、医者が見放す重体からケロッと快復した。病床で医者が「ぼつぼつご臨終です。近親の人を呼んでおくように」と言ったのを聞いた文團治は、「何ぬかしやがるねン。くたばってたまるかい」と、その憤りから持ち直して全快、医者の面目丸潰れである。翌年、同じ状態になるも、医者が昨年のこともあり臨終宣言をしなかったところ、その晩、卒然と亡くなった。37年12月14日、享年85。喘息による心臓発作であった。

■

高座前には喘息治療薬の劇薬であるアドレナリンを自ら注射し、両の二の腕には大きな注射ダコができていたという。ある時、お囃子の林家トミが、京紅の容器に酒を入れて蝋燭を立て「丹波のおばはんがドウタラコウタラ……」と呪文を唱える簡単なおまじないを文團治に教えた。これが嘘のようによく効いた。梅團治の二代目三遊亭百生（ひゃくしょう）が聞きつけ、自分でも試してみたところ、こちらも治ったが、東京へ帰ったらまたぶり返してしまい、丹波のおばはんも箱根を越えたら効かんねんなあ、とオチがついた。

戦後に活躍した上方の落語家の中では、もっとも古い人物で、若い頃から旅回りが多かったこともあり、ネタの数は厖大であった。得意演目は「らくだ」「帯久」「いかけ屋」「鬼あざみ」などで、実子で弟子の桂一二三（ひふみ）（のち曽我廼家五郎門に転じ曽我廼家勢蝶）には先立たれたが、晩年に入門した四代目桂文紅をはじめ、三代目桂米朝、三代目桂春團治らに多くのネタが受け継がれている。中でも、春團治三代に「いかけ屋」の稽古をつけたというのが本人の自慢であった。初代春團治は、うろ覚えの細かいところを麦團治時代の文團治に確かめ、翌日から高座にかけて十八番にしてしまったという。「もう、エライ目におうた。あれ教えたのは、わいや。得意にしてたのに、やったら、むこうの方がおもろいねん」とこぼしたというが、文團治という芸人の懐の深さを感じさせるエピソードで微笑ましい。

上方のみならず、「大阪の噺で、今の文團治さんに、大阪へ行った時、移して（教わる）

もらいました」(『円生全集』)と本人が述べるように、六代目三遊亭圓生が大阪の寄席に出演した際には「質屋蔵」を教えている。さらに、上京した折には、上野稲荷町の九代目桂文治宅で、五代目柳家小さんらに「らくだ」や「帯久」などの稽古をつけたという。

怪談噺のレパートリーも豊富で、幽霊の役をよく頼まれた桂米之助は、ある時、血糊に使う食紅を忘れ、その頃売っていたチューブ入りのチョコレートが代用品になることを文團治から教わった。「唇許から目尻まで逆にグイとなすり付けると、これがグリーンのライトに当たって、それこそ生々しい血痕に見える」という。旅回りで鍛えられた、ちょっとやそっとのトラブルにはビクともしない、逞しさと図太さを持った芸人であった。まさにゴジラの文團治。

また、桂米朝によれば「この人のお座敷におけるバレばなしは絶品」(『続・上方落語ノート』)だったという。米朝の一方の師である正岡容(いるる)は、昭和26年の節分の日、京都新京極の富貴で文團治の艶笑噺「島めぐり」を聴いている。

さてその晩、二十何年振りで桂文團治の「島めぐり」を聴いて私は、感慨に耐へなかった。

もう七十を超えてゐようが、角張つた黒い顔は麦團治を名乗つた昔より余程艶々とわかくなり、からだ全体にも大看板らしい貫禄ができて来て、気の性か、顔いろさへも些か白くなつたやうにおもはれる。

おもへば彼、あのころはおよそ不遇で、松屋町辺りの端席を寂しく四、五流の連中と打つてゐたのだつたが、それが戦後はいまや巨匠桂文團治の名を襲つて、かく檜舞台に堂々と気を吐いてゐる。じつにそれゆゑのこのわかさだとしたら、心境、境遇、この大切なことを今更しみじみと考へさせられながら、「島めぐり」の荒唐無稽さに聴入らずにはゐられなかつた。（『艶色落語講談鑑賞』）

前半生、表舞台にはついぞ登場しなかった文團治が、最晩年に至ってひと際の光彩を放った。「もう二十歳、いや十歳若かったら天下取れたのに」とよく口にしていたという。嘉納吉郎は晩年の文團治の芸風について、「荒けづりな芸風ではあるが明治・大正期の大阪のムードを伝える〝上方のらくご〟の最後のものとして貴重なものであった」（「名作上方落語鑑賞」『上方風流』第二号）と記している。

ゴツゴツとした硬質な声音とともに、「すけない」（少ない）、「いのく」（動く）、「かって」（借りて）等々、挙げればきりがないが、そこかしこに散りばめられた古き良き大阪弁によって、文團治は聴き手をいともたやすく明治大正期の大阪にタイムスリップさせてくる。加えて、その固い声質、古い大阪弁にもかかわらず、噺をトントンと運ぶリズムの良さ、かなり早口でありながらも独特な抑揚を持つ語り口が、文團治の落語を非常に聴きやすいものにしている。桂米朝は「四代目桂文團治という方は足の早い話ぶりで、実に省略のうまい人でした」（『米朝落語全集』）と書いているが、特に、省略した箇所を地の文にコンパクトにまとめ、その味わいを残したまま噺を再構築し、耳馴染みの好いリズムに乗せて語る手際は、じつに鮮やかである。それはまさに様々な芸を手掛け、落語家としてだけでなく講談師としても活躍した文團治の面目躍如であったのだろう。

現在、ＣＤやレコードで聴くことのできる「らくだ」「船弁慶」「いかけ屋」「帯久」「肝つぶし」「初天神」「寝床」「鬼あざみ」といった文團治の口演に耳を傾けてみると、コッコツという不思議な物音が聴こえてくる。これは初席一番叟がやる〝たたき〟の音ではない。見台の裏を小拍子で打つ、文團治の癖の一つである。その音はいつの間にか止んでいるが、聴き手がそのことに気づいた時には、すでに噺の世界――明治大正期の大阪――へと誘われている。

文團治のレパートリーに催眠術はなかったはずなのだが。

（宮　信明）

橘ノ圓都

【たちばなの・えんと】
明治16年（1883）3月3日・生
昭和47年（1972）8月20日・歿

長寿のおかげで明治、大正、昭和と三代にわたって活動し、上方落語の貴重なネタを後進に多数伝えた功労者である。

圓都の来歴については、自身の談話を基にした神戸新聞の連載記事をまとめたものが『わが心の自叙伝』第5巻（のじぎく文庫）に収録されており、たいへん有益である。以下では主に同書に基づき、経歴を確かめておきたい。なお、元の連載は昭和44年（1969）9月から三カ月間掲載されたものである。

明治16年（1883）に神戸市兵庫区で生を受ける。父は棟梁だが芸事好き、母は柳原遊廓の検番（けんばん）で稽古をつけていた、腕に覚えのある女性だった。その下で早くから芸を仕込まれ、最初は母から三味線を習ったという。高等科を中退したのち、商家へ奉公に出て、明治38年に22歳で上京し、テキヤをする。のちに神戸に戻り、叔母の家で居候しながらマッチ職人になるなどの経験を積んだ。一方では橘圓助の名で素人噺の座長を任された。

明治39年4月、23歳の時、初代桂春團治（155頁）の口利きで、春團治の師匠である二代目桂文團治（弘化4年・１８４７―昭和3年・１９２８）に入門し桂團寿をもらう。同年、大阪松屋町の第三此花館で初高座。しかしいったん文團治の元を離れ、旅回りに出る。その後、三遊亭圓朝の直弟子である三代目橘ノ圓が旅回りの末に神戸にやってきた際、明治44年、28歳の時に再入門し、芸名は桂團寿から改名して橘ノ圓歌を名乗った。その後、離職や復帰をいくたびか繰り返し、大正８年（１９１９）、東京での興行時に三遊亭圓歌とまぎらわしいため改名を頼まれ、師匠の圓が名付けた圓都になる。昭和5年ごろ、家庭を持った折にまた芸界を離れるが、戦後間もなくに復帰した。

明治期から活動した噺家だけに、貴重なエピソードを語った記録が残る。山川静夫『上方芸人ばなし』には、昭和43年の正月番組で山川氏が圓都に行ったインタビューが収録されている。その中で、上方発祥の落語「不動坊」のサゲにもなっている、かつての遊芸稼人の実情の一端が語られている。

わたしらの商売は昔は鑑札がいりました。「遊芸稼人」という鑑札、これは税金を払うともらえますが、わたしの若い頃は大阪が半期で一円二十銭でした。ところが広島は半期で八十銭、四十銭安い。広島の鑑札でも大阪で通用しますのでな、わざわざ広島へ税金おさめたもんです。

この逸話はその内容自体も貴重だが、かつて遊芸稼人の鑑札を受けた経験のある落語家が、昭和40年代まで現役で活躍していた点にも感慨深いものがある。

大正中期、神戸の落語界は最盛期となり、当時神戸に来ていた二代目桂三木助（168頁）や三代目三遊亭圓馬から多くのネタを教わった。また、この頃に桂塩鯛（しおだい）から「ふたなり」を受け継いでいる。

その後、主に神戸を中心として活動したが、このことにからんで奇妙な渾名（あだな）の逸話がある。圓都は顔が四角かったため、その風貌から「ゲタ」という渾名があったが、そのほかに「聚楽館（しゅうらくかん）」というのもあった。これは神戸に、外観が真四角の聚楽館という劇場があったことによるものである。

『落語レコード八十年史』によれば、電話がまだ珍しかった大正中期に、レコードに「電話」を吹き込んでおり、この速記が同書に掲載されている。これを含め、ＳＰレコードの時代には「太田道灌」「浮世床」など10席のネタを吹き込んでいる。戦後も長期にわたって活躍したため、NHKやABCなど放送局が収録したライブ録音がいくつか残されている。

若いころに三味線や浄瑠璃の稽古をしていたことが役立ち、噺家になってから浄瑠璃ネタを得意とした。「寝床」「軒付け」「胴乱の幸助」「猫の忠信」などのほか、演じ手の少ない「片袖」「浄瑠璃息子」といった義太夫を語る場面が登場する噺がレパートリーに含まれている。

ただし、しっかり一段すべてを稽古するということは少なかったらしい。『桂米朝集成』第4巻に載る「対談　芸の年輪—九十歳を迎えて」によれば、米朝の「浄瑠璃はそやけど、何段ぐらいおやりになる?」との問いに「さァ、まるごかし（筆者注・まるごと）稽古したんが四、五段。さわりやったら、二、三十稽古してまんなァ。」と答えているが、

米朝「ああ、なるほど。それで、会でやったことは?」

圓都「おまへん。」

と話しており、その理由を問われてシャレかまことか、会に出ようと思ったら銭がかかり、高くつく、と答えているのが噺家らしい。

『上方はなし』に見られる戦前の口演ネタでは（31集〜35集）、「石返し」「道灌」「皿屋敷」

「ふたなり」「夏の医者」「胴乱の幸助」などが確認できる。

戦後の落語会の一例として、ABC「上方落語をきく会」で演じたネタを見ると、この会がスタートした昭和30年から、最後の出演となった昭和47年2月までに圓都は特番も含めて計23回出演しているが、一部を除きほぼ毎回異なった演目をかけており、持ちネタの多さが際立っている。「高尾」「立ち切れ線香」「猫の忠信」といった、今日の上方落語の主要なレパートリーとなっているものもあれば、「強情」「嬶違い」「日和違い」など今日でも演じ手の少ないネタも見受けられ、貴重なネタが圓都をはさんで継承されたことが感じられる。また、現在、上方落語および江戸落語で演じられている「加賀の千代」は、昭和20年代に圓都が自作自演したものである。

前述の『わが心の自叙伝』には、今でも上方落語の代表作である「立ち切れ線香」についての逸話が見られる。昭和25、26年ごろ、まだ入門して4、5年の桂米朝が「立ち切れ線香」を演じた。圓都が出演していた戎橋松竹の楽屋でこの話が話題となり、「新人にやられたままでは恥ずかしい、誰かがやらなければ…」という話になって、この噺を稽古したことのある圓都がやる破目になった。圓都自身は「ちゃんと、稽古はしたけど、名人上手のをきいてるさかいなあ」……と、あまり乗り気ではない様子だったが、結局は高座にかけた。
これが機縁となって〝立ち切れ〟は今も残ったのです。もし米朝が、あの時〝立ち切れ〟をやっていなかったら、私が意地になってやらなかったら、この噺は姿を消していたことでしょう。

結局、晩年になってこのネタを継承する者がいくらか出てくると「立ち切れ線香」を演じることはほとんどなくなったようである。

録音が残されている中では、「丙午（短命）」が味わい深い。サゲの「わしゃ長命じゃ」とボソリとつぶやく可笑しみは絶妙であった。

晩年、大阪大学落語研究部が圓都の持ちネタを録音し、『上方落語』と題する冊子に速記を掲載して刊行した。スタートは昭和41年である。第1号の編集後記によると、前触れもなく突然圓都宅を訪れて依頼したところ、快諾を得て録音をしてゆくことになった。途中、中断をはさみながら平成7年1月までに計21巻が刊行され、圓都落語の貴重な記録となっている。収められている演目は以下の通り。「てれすこ」「八五郎坊主」「加賀の千代（自作）」「三人兄弟」「七草」「戒名かき」「胴乱の幸助」「けんげしゃ茶屋」「百人一首」「浄瑠璃息子」「商売根問」「歌根問」「浮世根問」「掛け取り」「盲提灯」「上野」「播州巡り」「大安売り」「ぞろぞろ」「淀川」「寝床」「石返し」「立ち切れ線香」「羽織」「しびんの花活け」「丙午（短命）」「三枚起請」「けつね」「宿屋仇」「高尾」「嬶違い」「夏の医者」「三人旅」「壺算」「片袖」「道灌」「小咄集」。

これらのうち、「立ち切れ線香」や「三枚起請」といったいわゆる大ネタの多くは二代目桂三木助から教わったものである。現代でも盛んに演じられているものは圓都が伝えた功績があったことになるし、その一方、演じ手が途絶えているものは、この速記が貴重な記録となっている。

昭和45年5月10日には米寿の記念落語会が京都府立文化芸術会館で開かれた。六代目笑福亭松鶴や桂米朝らが脇を固め、圓都は「三人兄弟」と「けつね」を演じている。「けつね」はもともと四代目桂米團治が演じるための新作台本で、作者は森暁紅。ところが米團治が断ったため圓都が演じることになって、戦後に戎橋松竹の新作発表会で初演し、のちに持ちネタとした。

上方の落語家が減少した時代に、すでに多くのネタを持つ圓都が現役として活躍していた意味は大きい。また、芸風として奇をてらわずきっちりと古風な型のまま演じるタイプであったため、録音が残されている主に昭和40年代後半の噺を聴いても、おそらくそれ以前の時代にもこのネタは演じられていたのだろう……という想像を巡らせることができる。のちに二代目桂枝雀(しじゃく)（303頁）が「日和違い」を、桂ざこばが「強情」をそれぞれ得意ネタとして頻繁に演じることになったが、これらも圓都のいわば中継ぎがあってこそ、後世に確実に伝わったといえるだろう。

そんな圓都の意思がうかがえる一文が、件の『わが心の自叙伝』の末尾にあるので引用する。

　恐らく私の代で、上方落語は伝統の浄瑠璃ものや芝居ばなしの味も変わることでしょう。明治はずうっと遠くに去ってしまった気がいたします。けれど新時代の人々はみな素質は良い。かつての上方落語の隆盛をみることは無理としても、伝統の継承には自信がございます。

なにをもって「隆盛」と見るかは難しく、確かな継承がなされているか否かには諸論あるかもしれないが、圓都らによる継承の努力の結果、今日の上方落語は、少なくとも落語家の人数や開催落語会の「量」の面においては、かつての隆盛を上回っている。圓都にとっては想像もしなかった状況が起こっているのだ、といっていいだろう。

（中川　桂）

復興から隆盛へ

苦境に陥った上方落語界だったが、社会では昭和26年（1951）に民放ラジオ放送が、28年にはNHKのテレビ放送が開始された。民放ラジオの開局が、特に上方落語界にはのちのち恩恵をもたらすこととなる。昭和30年代に入ると二派に分かれていた若手落語家が合同し、32年には上方落語協会が結成された。入門者も次第に増え、戦後間もなく入門した世代を第一世代としてそれに続く第二世代が形成されてくる。放送局主催の落語会が始まり、落語の出番以外にも司会など放送の仕事が入って若手の落語家が生活しやすくなった。また落語中心ではないものの、松竹・吉本系を中心に大規模な演芸場も次々と開場した。昭和40年代を迎えると関西エリアのテレビ・ラジオを起点に落語家への注目が高まり、それが落語会の集客につながる効果をもたらした。40年代後半には「上方落語ブーム」と呼ばれるようになり、島之内寄席がスタートするなど新たな落語会が増加した。ここに挙げるのは復興期を支えた者、さらなる隆盛に導いた者たちである。

六代目 笑福亭松鶴

【しょうふくてい・しょかく】
大正7年（1918）8月17日・生
昭和61年（1986）9月5日・歿

戦後の弱体期から立ち直り、復興を果たした上方落語では、戦後の落語界を支えた中心的な落語家4名を四天王（三代目桂米朝・三代目桂春團治・五代目桂文枝・六代目笑福亭松鶴）と称する。その中で年齢的にも筆頭であり、豪快な芸人らしいイメージ、上方臭の強い語り口とともに戦後上方落語の代表格とされるのが六代目笑福亭松鶴である。

父は五代目の笑福亭松鶴（180頁）であり、母方の祖父も六代目林家正楽（嘉永6年・1853—昭和4年・1929）という芸人の血筋のもとに生まれた。本名は竹内日出男。14歳から心斎橋筋の茶舗「川口軒」で丁稚奉公をした。生活様式が変化して昔の風俗が次第に伝わりにくくなる戦後の時代に落語家として活動するにあたり、丁稚奉公の経験は噺を演じるにあたって大きな好影響をもたらしたと思われる。また、この折に歌舞伎や寄席（よせ）、映画などにたびたび接したことも、のちの落語家生活に役立つものであった。

20歳の兵役検査を機に茶舗を辞めたのちは、定職に就かず遊蕩（ゆうとう）の時期もあった。その後、父が結成した「楽語荘（らくごそう）」で『上方はなし』の編集を手伝ったり、父のマネージャーとして鞄持ちをしたりしていた。そのような活動にあって、高座に上がって聞き覚えの「寄合酒（よりあいざけ）」を演じたこともあったという。正式には昭和22年（1947）5月19日、今里（大阪市東成区）の双葉館で笑福亭松之助の名で初舞台を踏んだ。この時の演目は「東の旅」であった。

父が歿したのは昭和25年。五代目は稽古をつけるのが嫌いであったこともあり、それまでの間に松鶴は父から直接稽古をつけてもらうことはほぼなかった。だが、父が病床に伏してのち、病院で看病についていた日出男に五代目はお家芸である「三十石」と「天王寺詣り」を通して聴かせてくれたという。「これが父からの稽古であったはず」、とのちに語っている（越智治雄氏との対談、初出『古典落語の手帖』『六世笑福亭松鶴はなし』）。

昭和23年1月上席（1日から10日）の戎橋（えびすばし）松竹で、三代目笑福亭光鶴（こかく）に改名する。松之助としての初高座から1年も経ないうちの改名であった。続いて同28年8月、上席に同じく戎橋松竹で、四代目笑福亭枝鶴（しかく）を襲名した。これは三代目林家染丸（そめまる）とのダブル襲名である。

そして同37年3月上席、道頓堀の角座で六代目笑福亭松鶴を襲名する。戦後に入門した世代の筆頭格として、また五代目松鶴を父に持つ血筋への期待から、次々と由緒ある名跡を継承していったことがわかる。

若手時代はキャリアの近い噺家たちと「さえずり会」で活動した。

いかにも大阪的なダミ声で、大きな声で演じる落語は「豪放磊落」といったイメージで捉えられることが多いが、決してそれだけの落語家ではない。大阪の風俗や生活色を丹念に描き出す描写力を備えた落語家であったということができる。そもそも前述した、五代目松鶴から病床で受け継いだ「三十石」と「天王寺詣り」はどちらも、淀川を往来する船の船頭や乗客の様子、あるいはお彼岸の寺院風景を描く「スケッチ落語」というべきもので、大阪の気風が表現されるものである。そんな噺の風情をも描き出すのが持ち味であった。そのような芸風は高津神社での富籤の風景を描く「高津の富」や、桜の宮へ花見に繰り出す長屋の連中を描く「貧乏花見」などでも発揮されていた。

また、「質屋芝居」「蔵丁稚」「蛸芝居」などの芝居噺も得意にしていた。芝居噺は松鶴の表面的なイメージにあまり合わないためか、そのことに言及されることは少ないし、過去の名人を紹介・追悼する落語番組でも松鶴を代表する一席として取り上げられることはほぼないが、忘れてはいけない一面である。芝居絡みのネタは主に二代目立花家花橘（174頁）から松鶴へ伝わり、さらに笑福亭の系統では門弟の松葉（七代目松鶴を追贈）が受け継いでいた。

ただ、若い時からよく演じていた酒の噺のイメージは強い。その中では笑福亭のお家芸といえる大ネタ「らくだ」の評価が高いが、晩年、呂律が怪しくなってからは、明瞭にしゃべらなくても成立する酔っぱらいの話である「一人酒盛」「あとひき酒」などを頻繁に演じた。この晩年のイメージがどうしてもついて回るのは残念なところである。

所属する松竹芸能の演芸場である角座などの劇場では、「相撲場風景」を筆頭に、「寄合酒」や、正月になると演じる「初天神」などで笑いの多い落語の魅力を伝えた。これらのほか、各種の落語会では、上演頻度は多くなかったが印象に残る持ちネタとして「市助酒」「ざこ八」「遊山船」などが挙げられる。

ライブの音源は多数残っており、ＬＰレコードとして発売され、のちにＣＤ化された音源は数多い。一方、全盛期の映像がほとんど残っておらず、ある程度の持ち時間を勤めている一席物の映像は晩年のものがほとんどであるのが惜しまれる。■

上方落語協会の初代会長であった三代目林家染丸が歿したのち、昭和43年8月から同52年まで二代目会長を務めた。この期間に特筆すべき功績は、47年2月から、毎月5日間の興行として協会主催の「島之内寄席」を立ち上げたことである。当時の上方落語界は若い入門者も増え、また浅いキャリアながらもその新鮮な魅力からラジオの深夜放送で活躍する者が生まれるなど、上昇気流に乗って注目が高まっている時期であった。しかし大阪の演芸場では、弱体期と変わらず漫才などの演芸の合間に数人の落語家が出演するにとどまり、個々に開かれていた落語会のほかは、落語を中心とした興行は成立していなかった。

島之内寄席は当時の大阪市南区（現中央区）、いわゆる島之内地域にあった島之内教会を会場として、落語を中心とした連続数日間の公演を実現したことに大きな意味があった。こののち、他所でも上方落語協会が主催あるいは座組みを担当する落語会がいくつか生まれ、さらに各地に地域寄席が登場するなどの流れを作った。

■

昭和54年1月、6日から20日まで途中に休養日を挟みつつ13日間にわたって、還暦記念の会「六世松鶴極つき十三夜」を毎日国際サロンで開催し、毎日一席ずつを演じた。この時に演じた演目が松鶴の代表的なネタといえるので、以下にその時演じられた順に記しておく。

「高津の富」「一人酒盛」「蔵丁稚」「阿弥陀池」「市助酒」「天王寺詣り」「寄合酒」「胴斬り」「親子酒」「猫の災難」「質屋芝居」「らくだ」「子はかすがい」

また、それから5年を経た同59年1月には、第二弾ともいえる連続落語会として、筆頭弟子の仁鶴と共演する「松鶴・仁鶴極つき十三夜」を津村別院ホールで開催し、各日一席を演じた。この時は代表的な演目ながら前回時は演じなかった「三人兄弟」「三十石」などに加え、あまり演じなかった「手切れ丁稚」「殿集め」なども含めて、前回時とは異なったネタを演じている。

昭和41年、大阪府民劇場奨励賞受賞、同56年、上方落語家としては初めて紫綬褒章を受章。ほか受賞は多数に上る。

書籍では自伝の類が数冊出版されているが、特に初期のものは実際以上に豪快なイメージを前面に出して面白おかしく脚色した傾向が見られる。資料的価値が高いのは戸田学編『六世笑福亭松鶴はなし』で、各種の記録や詳細な松鶴年譜は戦後上方落語の資料的な面からも貴重なものである。昭和37年3月、道頓堀角座において六代目松鶴を襲名した時の披露口上の速記や、節目となる各種落語会の挨拶口上、また詳細な年譜（豊田善敬作成）は資料としてとくに有用なものである。

門弟の六代目笑福亭松喬（しょきょう）は、著書『おやっさん　師匠松鶴と私』（２０１１年　うなぎ書房）で、落語の酔っぱらいの演技について教わったことを記している。

私が師匠松鶴に教えられたことはたったひと言、

「落語の酔っ払いをせんかい」

ということです。

これは、本物の酔っ払いをしてはいけない、という教えを意味している。笑福亭のお家芸であり、大ネタである「らくだ」を演じるにあたり、松喬は何度も師匠松鶴のテープを聴いた。その時、次のことに気付いたという。

初めて気がついたことは、

「松鶴はセリフは酔ってない」

どうやら、師匠の言いたかったのは、

「間で酔え」

ということだと思いました。上手に間を取ることで酔ってるように見えると……。

（中略）

ほんまもんの酔っ払いというのはセリフが酔うんです。自身の酔っ払いの演技を高めるために研鑽した松喬の経験から、松鶴の酔っ払いの演じ方が見える。また、松喬は同書で、師匠から稽古で言われたのは、もっと大きな声を出せ、腹から声を出せということだったと記している。まず根本的な基礎を体得させ、その先にそれぞれの演じ方が存在するということであろう。

前述の『六世笑福亭松鶴はなし』より、「四天王」の面々は六代目松鶴の芸をどう見ていたのか。

春團治は、聞き手である笑福亭鶴瓶（つるべ）の「師匠はうちのおやっさんの落語でいちばん好きな噺はなんですか？」との問いに対して「どっちか言うたら、酒の出る噺は好きやね」と答え、それに対して鶴瓶が「「らくだ」「市助酒」「一人酒盛」というあたりですか。」と返しているが、この対談においてはほぼ詳しいところは話していない。

文枝（ぶんし）は、今里の双葉館へのちの桂米之助（当時は二人とも入門前）とともに五代目松鶴の落語会を見に行き、その時に松之助を名乗って「東の旅」を演じた、のちの六代目松鶴の初舞台を見ているという。そして六代目で聞いてよかったネタを問われると「蔵丁稚」「三十石」「らくだ」を挙げた上で、「「らくだ」でもね、やっぱり、五代目と六代目は似てるね。

五代目の呼吸を六代目はとってるワ。」「その、毛をむしるところなんかは、やっぱり、五代目の呼吸をとってるね。」などと語っており、直接の稽古を受けていないにしても、子供の頃から聞きなじんでおり、落語をいわば「腹の中から聞いてる」落語家の息子にはかなわない、と語っている。文枝の感想をよく示しているのは次の言葉だと思われる。

六代目の落語もな、枝鶴時代は特に良かったな。テンポのポンポンとしたところはなかったけどね、非常に粗削りな豪快さ。逆に言うと粗削りから、ちょっと繊細なところがうまれてくる。まだ、若さの味というのがあったなァ。（中略）でも、松鶴になってからは、わりと細やかなところが出て来たちゅうンかな。

長年聴いている立場から枝鶴時代の、繊細さより豪快さが勝る芸を評価している。米朝は、晩年の衰えについて触れたのちに、晩年は別にして良かったネタとして「三十石」「高津の富」「蔵丁稚」「天王寺詣り」などを挙げ、「昭和40年ぐらいまでの録音が残っていたら、それこそあの人の芸ですワ。この頃までの落語はよろしいな。つまり、どう言うンかな、覇気があったしね。ネタにもよるけども立て弁のドンドコドンドコ行くテンポやとかね。迫力があったです。枝鶴時代はまだやっぱり勢いがあった。松鶴を襲名する、そのちょっと前ぐらいから覇気がなくなってきました」と評している。総じて、彼の落語を長期にわたって聴いている周囲の仲間は、若い時の落語を評価していることになる。

松鶴という人物そのものの評として、米朝は「逸話の多い、昔型の最後の芸人かも分からん。あの初代の春團治という人を子どもながらにせよ、じかに知っていた噺家の最後でもあった。戦後の噺家ではありますけれども濃厚に昔の匂いなり空気なりを身につけた最後の人であったと言えますな。」と語っている。

松鶴は「らくだ」「三十石」「高津の富」といった、すぐに思い浮かぶような得意ネタをいくつか持っていたが、「ABC上方落語の会」など落語会の記録を見ても、けっして同じようなネタに偏らず、幅広いネタを高座にかけている。これは長講を期待される本格的な落語会から、漫才などとともに演じていた演芸場での短い出番まで、多彩な出番を長年こなしてきた経験によるものであろう。また、酒のイメージが強い面はあったが、すでに触れたように芝居噺や子供の出るネタなどのレパートリーも豊富であった。どうしても豪放磊落なイメージが表面に出がちであるが、戦後、復活を果たした上方落語を牽引するにふさわしい幅広い芸域を持っていた噺家であった。

門弟には仁鶴、鶴光、福笑、六代目松喬、松枝（しょうし）、呂鶴（ろかく）、松葉（七代目松鶴）、鶴瓶らがおり、鶴光は東京でも活動し落語芸術協会に所属することもあって、現在では大阪・東京双方で笑福亭を名乗る落語家が活躍している。

一門以外にも後輩全般への影響力があり、東京の噺家にもファンが多かった。三代目古今亭志ん朝は松鶴を敬愛しており、「蔵丁稚」（東京での演題は「四段目」）を稽古してもらったそうである。

（中川　桂）

三代目 桂米朝

【かつら・べいちょう】
大正14年（1925）11月6日・生
平成27年（2015）3月19日・歿
文化勲章・文化功労者・人間国宝

テレビ・ラジオの放送が全国に行きわたり、また交通網も発達して移動時間が短縮され、日本全国に同じ情報や文化事象が行き届くようになった昭和の高度成長期以後において、上方落語が全国区になったのは、米朝の力によるところが大きい。また、その上方落語の評価向上にも果たした役割は大きく、その効果もあっての全国展開であった。

まず、簡単に米朝の経歴を見ておきたい。

■

大正14年（1925）、中国・満州で生まれる。これはもともと姫路の郵便局に勤めていた父が、中国での勤務を希望してこの時は普蘭店（ふらんてん）（現大連市）の郵便局長をしていたためである。なお、祖父は姫路の九所御霊（くしょごりょう）天神社の神職であった。5歳の時に日本に帰り、亡くなった祖父に代わって父がくだんの神社の神職となった。その父と幼少期から大阪へ行った折などに芝居や寄席（よせ）に行き、落語に触れていた。

昭和18年（1943）、旧制中学を卒業して上京し、大東文化学院（現大東文化大学）に入学する。この時期に東京各所の寄席や歌舞伎座へ足繁く通ったという。また、この年から作家であり寄席文化の研究家であった正岡容（いるる）に師事した。だが徴兵年齢の繰り下げもあり、同20年2月に入隊。間もなくして急性腎臓炎の診断を受け、姫路の陸軍病院で四カ月の入院生活を送り、部隊に戻ることなく終戦を迎え、大東文化学院もそのまま中退となった。

戦後になると入門前に落語の評論活動をしたり、落語会のプロデュースを姫路で行うなどし、新作・改作の落語も何本か執筆している。正岡門下としてのこのような経歴が、のちに落語家となってからも文筆に携わり、落語のテキストを残すなどの活動の素地となったのは疑いがない。そして戦後に陣容がやせ細った上方落語の危機に直面し、研究家よりも演じる側に回ることを決意して落語家となった。

昭和22年9月、四代目桂米團治（201頁）に入門する。師匠に「いずれは米朝の名前をやる」と言われたのを早合点して正岡に知らせ、正岡から米團治へ礼状が届いたためにいきなり米朝を名乗った、というのはよく知られた逸話である。入門前に習っていた「高津の富」で同年10月に初高座を踏む。今では考えられないが、戦後の若手落語家減少の時期ならではであろう、異例のネタでの初高座だった。

　戦後の上方落語界は相次いで大御所が世を去り、厳しい状況ではあったが、入門者が何人もあったことで互いに切磋琢磨しつつキャリアを重ねていった。のちの六代目笑福亭松鶴（しょかく）（239頁）、三代目桂春團治（はるだんじ）（263頁）、五代目桂文枝（ぶんし）（272頁）、二代目露の五郎兵衛（281頁）、笑福亭松之助らである。米朝を含めたこの戦後入門第一世代が、のちのち上方落語の勢力を拡げる重要な役目を果たすことになる。

　また、戦後にはそれまでのＮＨＫラジオに加えて、民放局が次々に開局した。これが若手の落語家たちに仕事を与えることとなり、かつ知名度の向上にも役立つこととなった。とくに米朝はディスクジョッキーなどを器用にこなすタイプだったため、放送で重宝され番組出演が続いていく。28歳の時にＮＨＫラジオで『歌のショーウィンドー』のディスクジョッキーを初めて勤めたのが、米朝にとってのタレント活動の最初である。放送タレントは未開拓の分野であり、とくに東京と比べると関西では人材が揃っていなかった。若手落語家たちにとっては絶好のチャンスだったといえる。ラジオでは毎日放送や近畿放送（Ｋ

BS京都）でもレギュラー番組を担当し、同39年からはラジオ大阪『題名のない番組』で作家・小松左京とのコンビが人気を呼んだ。当時のラジオは若者のリスナーが多くて活気にあふれており、落語会開催時などはラジオでの知名度が、若年層の観客動員につながることとなった。

さらにテレビでも、翌40年放送開始の関西テレビ『お笑いとんち袋』などへの出演で顔と名前を知られていき、同42年、関西テレビ系列での初の全国ネット放送『奥さまスタジオ・ハイ！ 土曜日です』で東京方面でも認知度が高まった。毎日放送テレビ『素人名人会』の審査員も43年から50年まで務めている。これは少し後になるが、55年からは朝日放送（ABC）テレビの『味の招待席』に出演した。ミニ番組においてタキシード姿で料理を紹介する役どころだったが、平日夜の帯番組であったため認知度が高く、米朝のイメージ形成に影響があったといえる。あくまでも落語活動を全国で展開して知名度を高めた米朝であったが、放送を通じての知名度向上も相乗効果をもたらし、落語会の動員に結びついたことは見逃せない。

また、昭和49年から51年にかけて放映された、朝日放送テレビ『米朝ファミリー・和朗亭』のように、珍しい芸を紹介したり芸談を聞いたり、また落語の背景となる知識・雑学を紹介したりする、いわば「ためになる演芸番組」に多数かかわったのも特徴といえる。

著述にも熱心で、また後述するように自身の落語を音源や速記として多数残しており、これらは貴重な記録であるとともに昭和戦後期上方落語の資料として有意義なものである。

著述は多数に及ぶが、とくに『落語と私』は特筆すべき著作である。タイトルには落語と「私」とあるが、この書は自身のことよりも、落語という芸能を客観的に捉えてその特質を明らかにする点において優れている。もともとは青少年向けの落語入門書だが、落語への的確なアプローチで大人の読者にも有用なものであり、のちに文庫化されるなどロングセラーとなった。その中から、落語の本質に迫る点をいくつか取り上げておきたい。

落語という話芸を、講談など同種の一人話芸と比較した時、セリフのやり取りに入れば落語はその登場人物として話すところに特徴があり、「とちゅうで演者が消えてしまう」話法を持つ芸であると説明している。

高座で演じられた話芸としての落語と、活字にされた（速記の）落語とでは、「根本的に別なものである」との見解は、現代においてはそのように認識されていると思われるが、初版の昭和50年当時としては新鮮で正鵠（せいこく）を射たものであった。国文学研究の影響が大きかった芸能史の研究が、今日では次第に歴史学、民俗学など様々な学問領域の手法を尊重しているように、その複合的な捉え方を先取りしている。

落ちについても「サゲ……というのは一種のぶちこわし作業なのです」と説明しており、その意味するところは「さまざまなテクニックをつかって本当らしくしゃべり、サゲでどんでん返しを食らわせて『これは嘘ですよ、おどけ話ですよ』という形をとるのが落語なのです」と説明する。演者側の視点をも含んだ見解だが、一般読者にも理解しやすい。また、「落語は現世肯定の芸」というのも、落語の本質を簡略にズバリと指摘し、明快である。立川談志の「落語は人間の業の肯定」という説明をも想起させるが、談志の場合は人間活動の一面を強調した言い方になっているといえばよいだろうか。本質としては米朝と同様のことを述べていると思われる。

自身の経歴については、むしろ『桂米朝　私の履歴書』（日本経済新聞社）が参考となる。また、『上方落語ノート』（青蛙房）は『上方芸能』などへの連載をまとめたもので、全4巻が刊行されており、落語史の証言も含めて貴重な記録となっている。落語のネタについての考証、落語周辺の諸芸能への考察、先輩噺家との対談や想い出、などが主な内容である。

何よりも資料としては『桂米朝集成』全4巻、『桂米朝座談』全2巻（ともに岩波書店）が学術的価値の高いシリーズである。論考、随筆、対談、座談会の記録のほか、初期の全集には収録されていない落語速記が掲載されている点も貴重である。五代目笑福亭松鶴（180頁）や六代目三遊亭圓生（61頁）も文献記録を残すことに意欲を注いだが、これだけまとまった記録が個人として残された噺家はいないといってよい。

落語のネタをテキストとして残そうとする意識は高く、自身の落語速記は『米朝上方落語選』（正・続2巻）にはじまって、『米朝落語全集』（全7巻、創元社）で結実する。近年刊行された増補改訂版では、新たな掲載作品も加えて米朝が演じた160席近い落語を収録しており、これは戦後上方落語のテキストとして重要なものである。同時に各種の音源も残すが、初めにLPレコードとして発売された『桂米朝上方落語大全集』（昭和48〜53年）は落語レコードとして異例のヒットを記録し、東芝レコード特別賞を受賞した。晩年には映像として落語を残すことも意識して『特選‼ 米朝落語全集』をビデオ・CDで刊行した。演目数は前者より少ないが、主要なネタおよび演じられることが少ない珍しいネタを所作と音源で残している。いちばん状態のよい落語としては昭和50年代の録音を収録したCD『米朝十八番』の評価が高い。

このように数多くのネタを記録として残しているように、とにかく幅広いネタを演じており、師匠からのみならず先輩諸氏から広くネタを受け継いだ。師匠米團治からの流れとして継承したものには「親子茶屋」「皿屋敷」「仔猫（こねこ）」「高津（こうづ）の富」などがある。五代目松鶴からの流れで持ちネタとしたものは「くしゃみ講釈」「池田の猪（しし）買い」などである。

また、上方落語を残したいとの意志で噺家になっただけに、珍しいネタを演じたところに米朝の特徴の一端がある。現在では演じ手も増えてきた「算段の平兵衛」「持参金」「天狗さし」などは、廃れかけていたものを米朝が脚色して再生したものである。売り物となった長編の「地獄八景亡者戯（じごくばっけいもうじゃのたわむれ）」は、文の家かしくから断片を聞き、ほかにも参考とする箇所を付け加えて長編物として再生した一席といってよい。この「地獄八景亡者戯」は、ただ昔のネタを再生したというものではなく、その時々の時事的な話題をネタの中に入れ込む点も聴きどころであった。

ベテランの域に達してからよく演じたネタとしては「鹿政談」「天狗裁き」「はてなの茶碗」「百年目」などがある。それぞれの主要な登場人物である「鹿政談」の奉行、「天狗裁き」の奉行と天狗、「はてなの茶碗」の茶道具屋金兵衛、「百年目」の旦那などは、米朝ならではの貫禄が漂い、ピッタリのネタであった。軽めの出番や、独演会や二人会で大きなネタとのセットで演じていたネタで印象に残るものには「阿弥陀池」「狸（たぬき）の賽（さい）」「つぼ算」「稲荷俥（ぐるま）」などがあり、このようなネタでは上方落語の楽しさを感じさせた。

上方の演出である「はめもの」を用いるネタがとくに得意というタイプではなかったが、それでも旅ネタの「七度狐」などをはじめ「愛宕山」や「親子茶屋」、また「本能寺」「猫の忠信」など芝居がかりのネタではお囃子とともに演じる上方の色を感じさせた。

新作への取り組みも見落とすことのできない点で、師匠米團治作の「代書」を受け継いだのをはじめ、三田純市作「まめだ」、永滝五郎作「除夜の雪」なども頻繁に演じている。そして何より米朝自作の「一文笛」は忘れられないネタである。ここに挙げた新作群は今や上方のみならず、いずれも東京の落語界でも演じられるネタになっている。

米朝落語は、わかりやすくて面白いというのが最大の特徴であろう。従来の上方落語よりはいくぶんか土着性を控え、その分全国的に通用する言葉で演じた。またわかりにくいところは一部改変したり、マクラで説明したりするなどの工夫を加え、わかりやすさが笑いにつながる効果を生み出した。クスグリ（ギャグ）を考案して笑いどころを増やしたネタも多い。このような取り組みには、すでに指摘されていることだが、米朝が大阪中心部の出身ではないという経歴が影響していると思われる。姫路で育ち、また若い頃に東京暮らしを体験するなど、大阪を「外から見た」経験が、全国の人々にわかりやすい落語につながったと思われる。

そんな米朝ならではの活動といえようか、各地でホール落語を定着させた功績も大きい。昭和41年7月16日、京都府立勤労会館で、初の独演会「桂米朝スポットショー」を昼夜2公演で開催した。京都で集客が難しいといわれる祇園祭宵山の日に成功をおさめ、以後ホール落語が展開する先駆けとなる。

自主公演での初のホール独演会は、同42年12月4日、朝日生命ホールでの開催で、これは大阪での最初の独演会である。この年には、それに先立ち5月2日に、東京で初の独演会を新宿の紀伊国屋ホールで開いて成功させた。これが全国展開への追い風になったのは疑いない。また、昭和44年12月14日、労音寄席「桂米朝独演会」が大阪厚生年金会館中ホールで開かれたが、こののち労音、民音など各種団体主催での独演会が全国展開していくことにつながっていく。

のちに定例となり、米朝の代名詞となった大阪サンケイホールでの独演会は、昭和46年7月27日、サンケイホール20周年記念として開催された。「地獄八景亡者戯」と「怪談市川堤」の2席が演じられ、大盛況となった。当初はその年限りの特例という予定だったが、人気ぶりに以後も継続して開催されることとなり、サンケイホールでの独演会は正月と夏の恒例の会となった。独演会が体力的に厳しくなってからは米朝一門会へと移り変わったが、現在のサンケイホールブリーゼ公演に至るまで、正月とお盆の米朝一門会は継続されている。

弟子ら一門の勉強の場を作り、それが現在に至るまで継続されるほどの定着をみたのも大きな功績である。昭和41年10月からはじまった京都・安井金比羅会館での「桂米朝落語研究会」、同52年6月からはじまった尼崎・総合文化センター（初期は別会場）での「尼崎落語勉強会」はともに一門の若手を中心とする会として現在も続いている。

米朝も昭和30年代初期は千日劇場を擁する千土地興行に所属し、演芸場で落語を演じていたが、同49年9月に株式会社米朝事務所を設立する。個人事務所で落語活動のしやすさを追求したといえる。実際、同年から各地での米朝独演会の開催数もかなり増加している。ただ、それ以前は上方落語界の各人との共演も頻繁にあったが、事務所設立の頃から上方の落語家自体も大幅に増加し、それぞれの一門だけでも落語会が成立する陣容が整ったこともあって、以後は米朝一門を中心とした活動に移行し、一門外の落語家との出演機会が次第に減少した。良くも悪くも米朝一門が上方落語界の中で独自の活動をする方向に進んだのは確かである。門人としては、爆笑派の桂枝雀（しじゃく）（303頁）、感情を表出させる噺でマスコミでも人気の桂ざこば、正統派の桂吉朝（きっちょう）（昭和29年・1954―平成17年・2005年）などを育成した。子息の小米朝は平成20年（2008）に米朝の師匠である米團治の名跡を五代目として襲名した。その他、多くの弟子を育成し、米朝一門は上方では最大の人数を擁している。

受賞歴も数限りなく、詳細は略すが、昭和62年には紫綬褒章を受章。平成8年、71歳の年に重要無形文化財保持者（人間国宝）に認定。落語家では五代目柳家小さんに次いで二人目となり、上方では初のことであった。同14年には東西通じて落語家としては初めて文化功労者に選ばれた。そして21年には文化勲章を受章し、落語家としては初の栄誉に浴した。

晩年になり、平成24年8月1日から9日まで、大阪のブリーゼプラザ小ホールで「米寿記念　桂米朝展」が開催された。現役落語家の顕彰展が開催されるのは異例のことである。この時に石黒浩・大阪大学大学院教授によって「米朝アンドロイド」が制作された。米朝自身の音源にあわせて、アンドロイドが所作を行う形で落語を演じることができる。この制作のねらいについて石黒は「米朝アンドロイドとは～人間国宝のアーカイブ～」（『米寿桂米朝』株式会社ブリーゼ・アーツ）において「重要無形文化財（人間国宝）に指定された名人芸の落語を、コンピュータ技術とロボット・アンドロイド技術を用いて、後世にリアルに伝えようという試みである」「現時点において、無形文化財の保存手段としては、アンドロイド技術が最も適していると考えている」とし、また同書の「人間を見つめる眼差し」（安藤忠雄・石黒浩・桂米團治による座談記録）では石黒が「人間国宝がアンドロイドになるということは、その人の存在感が後世に伝わるということです」と意義を話している。

米朝歿後、平成29年1月から3月にかけて、米朝が生まれ育った地である姫路市に所在する兵庫県立歴史博物館で「人間国宝・桂米朝とその時代」と題する特別展が開催された。これには米朝の三男である中川渉が学芸員として携わったという事情もあるが、それにしても歿後わずか数年で落語家個人の特別展が開催されるのは異例である。

このように相次いで特別展が開催されるほど、米朝の存在は落語家の枠を飛び越えて、関西を代表する文化人としての存在感を示した落語家人生であったといえる。著作目録が作成されることをもってしても、そのことはじゅうぶんうかがえる。多数の著作、映像、音源が残ったこともあり、平成が終わったのちも、上方を代表する落語家としての存在感は持続されるに違いない。

（中川　桂）

三代目 桂春團治

【かつら・はるだんじ】
昭和5年（1930）3月25日・生
平成28年（2016）1月9日・歿

上方落語界において、亭号も名前も何もつけず、ただ「三代目」といえば、それはすなわち三代目桂春團治のことである。東京の落語界で「三代目」といえば、夏目漱石も愛した明治の名人三代目柳家小さんのことだろうか。自身も三代目であった古今亭志ん朝は「当代の春団治師匠を私共後輩は、イヤ私は「三代目師匠」と呼ばせていただいています。勝手にですが。これが陰では「三代目さん」。酔って来ると「三代目」だけになります。内緒です」（『桂春団治 はなしの世界』）と述べている。あまたの三代目がいるけれど、やはり上方落語界にとって「三代目」は「桂春團治」をおいてほかにはいない。

三代目桂春團治、本名を河合一（はじめ）という。昭和5年（1930）3月25日、桂福團治（三代目春團治、191頁）の長男として大阪市東区に生まれる。上に二人の兄がいたが、早世していたため、一粒種の長男に育つようにと「一」と名づけられた。浪華商業学校卒業後、自動車部品会社に就職するも、「気の短いところがあって上役とけんかして、やめてブラブラしてた」（「四天王わが師を語る」）という。その頃、父親である二代目春團治が一座を組んで九州へ巡業することになり、一も荷物持ちとして同行するも、出演予定であった前座の漫才が病気で倒れ、その穴埋めに「小春」を名乗って聞き覚えの「寄合酒」を演じた。これが初舞台である。博多の水茶屋町にある「共楽亭」という「枡を切ったきれいな席」であった。初舞台やネタ下ろしはよく受けるというが、初めての落語は「バカ受け」だったという。これに気をよくした一は、「落語家はええなあ」と思うようになり、大阪へ帰ってから父親の二代目春團治に入門を志願、22年4月に正式に入門が許された。

半年ほどたった10月16日には、早くも「落語新人会」を結成、笑福亭松之助（六代目松鶴、239頁）、桂米朝（250頁）、桂あやめ（五代目文枝、272頁）、桂米之助、講談の旭堂小南陵（三代目南陵）らとともに毎月の例会を開始している。さらに「好尚会 大阪落語新人会」「戎松日曜会 落語新人会」などもはじまり、高座に上がる回数は徐々に増えていったものの、一方で当時の小春は内心忸怩たる思いを抱いていた。ネタ数が増えないのである。周囲からも心配する声が囁かれた。新人会の名称となった「さえずり会」の機関誌『上方はなし』の第3号（昭和24年2月発行）に寄せられた四代目桂米團治（201頁）の文章は、小春のその後の噺家人生を的確に予見しており、その慧眼には脱帽せざるを得ない。

小春君は中々の勉強家である。片時も稽古をおろそかにしていない。それでいてネタが殖えないのは何故か。決して覚えが悪いのではない。否、驚く程覚えは良いのである。合点も早く、口も充分サバけている。それなのに何故か。少し眼が見え過ぎたのと違うだろうか。彼は落語の味というものを知っている。私は信じている。小春君は決して怠け者ではない。脇道へ外れる人ではない。まっすぐにゴールに向かって突進して行く君の勇ましい姿を、私は今、眼底に浮かべて楽しんでいる。

昭和25年4月上席、戎橋（えびすばし）松竹において「初代桂春團治追善 二代目桂福團治襲名披露興行」が開催され、父親の前名である「福團治」を二代目として襲名する。そして、同34年3月下席、二代目春團治の七回忌法要も兼ねて、道頓堀角座で「桂福團治改め三代目桂春團治襲名披露興行」を開催、春團治の名跡を三代目として襲名した。若干28歳。初々しい春團治の誕生であった。

口上には、二代目と兄弟分であった八代目桂文楽、初代春團治門下の三遊亭百生（ひゃくしょう）、二代目旭堂南陵、芦乃屋雁玉、花月亭九里丸、笑福亭枝鶴（六代目松鶴）が居並んだ。3月23日から6月15日には、大阪放送（ラジオ大阪）が『浪花寄席 桂春團治アワー』を放送、毎週月曜日の12時15分からの15分間、「いかけ屋」「始末の極意」「高尾」「子ほめ」「寄合酒」「月並丁稚」「生貝（祝のし）」「お玉牛」「代書屋」「皿屋敷」「色事根問」「親子茶屋」「野崎詣り」の十三席がラジオから流れた。さらに3月28日の午後8時から、朝日放送のテレビ番組『道頓堀アワー 寄席中継 三代目桂春團治襲名興行ヨリ』で、口上と春團治の落語、中田ダイマル・ラケットの漫才が放送された。10月20日には襲名披露も兼ねて上京、上野鈴本、人形町末広、新宿末広亭、東宝名人会の10月下席に出演している。

昭和50年12月には、東西演芸特選会で演じた「皿屋敷」の話芸で文化庁芸術祭優秀賞を受賞。同52年12月には、上方落語協会の三代目会長に就任し三期務め、59年に相談役へと退いた。昭和53年12月、読売テレビ主催の第7回上方お笑い大賞の大賞を受賞、平成14年（2002）には同賞の特別功労賞を受賞している。

円熟期を迎えた春團治は、平成8年3月31日に道頓堀の中座で「芸能生活五十周年記念落語会 春團治まつり」を開催。また、芸能生活50周年を記念して、写真集『三代目桂春団治』（弘文出版）と、春團治代々の芸風をまとめた『桂春団治 はなしの世界』（東方出版）が出版された。平成10年には紫綬褒章、同16年には旭日小綬章を受章している。

芸能生活60年を目前に控えた平成18年3月（29日から4月9日までの10日間、4月1日、5日は休演）には、大阪のワッハホールで「極付十番落語会 繊細華麗 三代目桂春團治」を開催し、「子ほめ」「祝のし」「寄合酒」「野崎まいり」「代書屋」「お玉牛」「親子茶屋」「いかけ屋」「高尾」「皿屋敷」を毎日1席ずつ口演した。桂ざこばや桂三枝（六代目文枝）、桂文珍、桂南光、笑福亭鶴瓶（つるべ）、東京からも春風亭小朝（こあさ）や立川志の輔、林家正蔵らが駆け付け、日替わりで彩りを添えた。この公演の模様はＤＶＤ‐ＢＯＸ『極付十番 三代目桂春團治』に収められている。

「極付十番」開催中の4月1日には、初主演した映画『そうかもしれない』（保坂延彦監督、9月30日公開）のプレミアム上映会も行われた。みずからがんに侵されながらも、認知症になった妻（雪村いづみ）を懸命に看病する作家役を好演し、第2回おおさかシネマフェスティバル主演男優賞を受賞、平成20年には映画『人のセックスを笑うな』（井口奈己監督）にも出演している。「ど不器用だったから当意即妙に答えられず、テレビにはあまり出なかった。でも不器用だったからこそ、ほかのものに手を出さず、ここまでやってこられたと思う」（「三代目桂春團治「不器用」通し五〇年」）と本人が回想するように、マスコミ、特にテレビへの出演を避けてきた春團治だが、日本ハム『ミュンヘナー』のCMに出演した平成6年頃から徐々にその姿勢を変化させ、同12年にはサントリー『のほほん茶』のCMでメグ・ライアンと共演、晩年にはテレビ、映画へと活躍の場を広げた。

さらに、平成18年には上方落語界の悲願であった落語定席「天満天神繁昌亭」が開場、こけら落とし公演のあった9月15日には、代々の春團治に因んだとされる朱塗りの人力車に乗って天神橋筋商店街をパレードした。口上で「私も、米朝さんも、亡くなった松鶴さん、文枝さんも寄席を作ることが悲願でした」と述べ、その日のトリを「高尾」で飾った。上方落語四天王の中で、繁昌亭の高座に上がったのは春團治一人である。同20年には「喜寿記念 桂春團治落語会 東西華の宴」を、21年には「襲名五十周年記念 桂春團治落語会」をワッハホールで開催、生きる伝説として孤高の存在感と風格を存分に見せつけた。

八十代になってからも高座に上がり続け、平成25年4月には大阪府池田市の「春団治まつり」で「野崎詣り」を披露したが、同年5月頃から体調を崩し、特に足の怪我の影響で正座ができず、高座から遠ざかった。同27年10月3日に堺市立東文化会館で開催された「桂春團治生誕八十五年記念 三代目桂春團治一門会」を直前に欠席。翌年正月9日、心不全により永眠。享年85。歿後の1月26日には繁昌亭でお別れ会が開かれた。四天王最後の一人、春團治の死とともに一つの時代が確実に終わった。

■

爆笑王と称された初代、二代目とは異なる華麗で繊細な芸風によって、新たな春團治像を作り上げた三代目春團治は、高座への登場からして実に華やかであった。「野崎」の出囃子に送られて舞台袖から現れた春團治は、「三升に花菱」の紋もあざやかに、いつも変わらぬ派手な衣装、数歩進んで立ち止まり、客席に向かってゆっくりとお辞儀をする。座布団に座ってから、もう一度、深々と頭を下げ、低く小さな声でぼそぼそと話しはじめる。

そして、「羽織脱ぐ手つきも舞の春團治」と川柳に詠まれるほど有名な羽織の脱ぎ方。両手で両袖を同時に引っ張り、肩からスーッと羽織をすべり落とす。「あれは、噺の最中に気を散らさせないための脱ぎ方を考えていて、そうなったんです」（「三代目桂春團治「不器用」通し五〇年」）と本人は言うが、見た目にも鮮やかで、この羽織の脱ぎ方だけを見に来る客もいたというほど。マクラはほとんど振らず、ひと調子高い声で本題に入ると、聴き手はもはや噺の世界へと引き込まれている。

三代目春團治の落語の魅力は、多くの人が指摘するように、なによりもその動きが綺麗なことだろう。山村流の舞の名手としても知られる春團治の所作は、踊りの素養が隅々にまでいきわたり、なにげなく突き出された手の指先までもが、舞の手つきのようにしなやかで美しい。火鉢にくべた反魂香（はんごんこう）の煙の中から現れる高尾太夫の幽霊や、皿屋敷の井戸の中から出現するお菊の幽霊の艶やかなこと。父であり師でもある二代目とは対照的に、三代目春團治は高座で見台（けんだい）と膝隠しをほとんど用いないが、それは体全体の華麗な動きを際立たせるためにほかならない。このような動きの美しい、見せる落語によって、春團治は噺の世界を立体的に浮かび上がらせるとともに、それが声の強弱や間の長短といった巧みな話芸と結びつくことによって、皿屋敷へと行く道すがらだんだんと高じてゆく町内の若い連中の恐怖心や、屈託のない無知な客への代書屋の主人の苛立ちと諦め等々、登場人物の内面までをも的確に表現しているのである。

春團治の持ちネタは、戸田学によれば、「『代書屋』『いかけ屋』『子ほめ』『寄合酒』『親子茶屋』『皿屋敷』『祝いのし』『お玉牛』『野崎詣り』『高尾』『月並丁稚』の計十一席を自分の持ちネタと考えていただいて結構です、ということであった」（『上方落語の四天王』）と、極めて少ない。ただし、いずれも厳選され、練り上げ、磨き上げられた完成品である。先に触れた「始末の極意」「色事根問」のほかに、「有馬小便」や「宇治の柴舟」を持ちネタにしていた時期もあったが、晩年は演じられることはなかった。また、ときおり「寿限無」

や「平林」などの前座噺を高座にかけることもあった。

厳選された持ちネタと、いつ聴いても寸分たがわぬ完璧な春團治の高座は、だからといって「いつ聴いても同じ」ということでは決してない。「気が付かないとは思うけど、ぼくはいつもお客さんの反応に合わせて間を変えてるんだよ」（「高座磨き上げ「大阪の春」が逝く」）と本人が述べる通り、その時その場の観客に合わせて、最適な間合いや言い回し、声の強弱を探り当て、それを実践し続けることで、春團治はその都度「完璧な高座」を作り上げてきたのである。「だいたい私は、独演会とか二人会というのは、あまり好きまへんね。肌が合わんのでっしゃろなァ。こういうところ（新花月）で、漫才や色物の間に出てしゃべる方が好きです」（「上方落語のエッセンス　桂春團治論」）と言うように、それは独演会を芸能活動の中心とした米朝や文枝に対して、演芸場で漫才や色物の間に挟まりながら落語を演じることにこだわった春團治の真骨頂であった。特に、晩年には、それまでの華麗で繊細な芸の上に、演者の内面から滲み出る年齢的な丸みと、ほっこりとした華やかさが加わり、噺の世界で自由闊達に遊んでみせる独自の芸境に至ったのである。

四天王最後の一人として後進の育成にも尽力し、多くの後輩から慕われた春團治、平成30年2月、その名前は弟子の桂春之輔へと受け継がれた。

（宮　信明）

五代目 桂文枝

【かつら・ぶんし】
昭和5年（1930）4月12日・生
平成17年（2005）3月12日・歿

長年にわたり桂小文枝（こぶんし）の芸名で親しまれてきたが、平成4年（1992）に桂派筆頭の名といってもよい桂文枝（ぶんし）を五代目として襲名した。小文枝を名乗っていたのが足掛け39年間、同じく文枝が14年間。世間一般には小文枝のほうが馴染み深いだろう。それでも、桂文枝の大名跡を復活させた意義は大きいといえる。桂を名乗ったそもそもの祖は初代の桂文治であるが、現在この名跡は東京のほうに行っているため、上方落語の大看板として桂文枝を掲げたことは後進にとっても益多いに違いない。現在この名跡を名乗る六代目文枝はもちろん、今後も文枝の名が過剰に神聖視されることなく継がれていくものと思われる。■

本名は長谷川多持。昭和22年（1947）頃から大阪市交通局に勤務する。生来の芸事好きで、踊りを習いたかったのがきっかけで、坂東三之丞こと四代目文枝と出会う。四代目は落語家としては大きなネタを精力的に演じるタイプではなく、短めの一席を終えたのち、立ち上がって踊りを見せるといった高座を得意としていた。

長谷川青年を四代目に引き合わせたのは、同じく大阪市交通局に勤務していた矢倉悦夫こと桂米之助（三代目）であった。米之助は四代目桂米團治（201頁）に入門し、桂米朝とは兄弟弟子の噺家だが、終生勤めは続けながら上方落語を陰で支えた功労者である。

若手の噺家が激減していた時期だけに、四代目文枝も多持に落語界入りを勧め、昭和22年4月に勤めをしたまま入門し、桂あやめの芸名をもらう。交通局へは翌23年に退職届を出し、その後内弟子となった。

若手の頃の話は、小佐田定雄聞き書きによる、文枝著の『あんけら荘夜話』（青蛙房）に詳しい。また、『小文枝改め　五代目桂文枝襲名披露』パンフレット（平成4年刊）も参照して概要を記す。

初舞台は昭和22年5月2日というから、正式入門から見ればずいぶん早い。大阪文化会館での「上方落語をきく会」で「小倉船」を演じた。おそらく入門前から踊りの入るネタということで手ほどきを受けていたのであろう。その後、戎橋松竹で若手による落語会が立ち上がり、そのグループ「さえずり会」に加わるなどして研鑽を積んだ。同23年春に「新生浪花三友派」が結成され、二代目桂春團治（191頁）、花月亭九里丸らが戎橋松竹から脱退、四代目文枝も飛び出したが、あやめは残った。そこで五代目笑福亭松鶴（180頁）の下で活動し、これにより五代目松鶴の調子やネタを受け継ぐことになる。稽古を受けた「天神山」のほか、「船弁慶」「植木屋娘」などは五代目松鶴の「イキ」（調子）を受け継いでいるという。ほかに二代目立花家花橘（174頁）からも「稽古屋」など多くのネタを教わった。

その後、戎橋松竹の出番がなくなり、昭和25年から1年強の間、歌舞伎の鳴物師を勤める。生来の芸事好きはあろうが、この経験がのちにハメモノなど音曲を交える噺を得意とする芸風に影響を及ぼしたものだろう。その後は大病をするなど辛い時期も経験している。

昭和29年4月に三代目桂小文枝を襲名した。また、同36年ごろから吉本興業に所属する。この時期にはじまったＮＨＫ上方落語の会（36年5月開始）で「天王寺詣り」「三枚起請」「立ち切れ線香」「高津の富」など、積極的に大きなネタを増やしていった。その後、大阪と東京に生まれた後援会を地盤に自身の会を開催。吉本系の演芸場での出番も数多くこなした。

昭和59年から平成6年までは上方落語協会会長を務める。そして平成4年8月に五代目文枝を襲名し、出囃子をそれまでの「軒すだれ」から「廓丹前(くるわたんぜん)」に変更した。(『上方落語の戦後史』によれば)正式襲名は8月22日の神戸文化ホール公演からだが、それに先立つ8月6日には兵庫県加古川市の余興で、また8日には東大阪市立文化会館ホールでの落語会で文枝を名乗ったというから、いかにもおおらかな性格を表す逸話である。

▩

落語は独特の謡い口調で、高い声を出し、喜六や女性(とくに長屋の嫁はん)に特徴があった。女性の表現よりは丁稚や子供が適していた、との評もあるが、女性が印象に残ったのは確かである。「船弁慶」で雷のお松さんの、立て弁や、亭主の遊びを見つけて次第に感情が高ぶってくる終盤などはたいへん印象深いものがある。また、長屋の女房以外では、「猿後家(さるごけ)」の川上家の後家はんの「これ、太兵衛が来てまっしゃないか……」などの甲高いセリフも印象的であった。本人にもその意識はあったと思われ、女性の登場人物が活躍する噺の速記集『小文枝の落語　女・女・女』を出している。ちなみに、同書に収録されているのは「ろくろっ首」「辻占茶屋」「盗人の仲裁」「貧乏花見」「後家馬子」「猿後家」「稽古屋」「立ち切れ線香」「菊江仏壇」「お文さん」の10席である。このうち「貧乏花見」「後家馬子」はさほど演じていなかったが、他の噺の多くでは文枝の演じる女性の声が思い起こされる。

得意ネタは五代目松鶴の「イキ」を伝える「天王寺詣り」「高津の富」「三十石」などをはじめ、「稽古屋」「船弁慶」「悋気の独楽」「天神山」など数多い。

門弟の桂文太によれば、文枝自身は「船弁慶」と「立ち切れ線香」には自信を持っていたという。「立ち切れ線香」のような、聴かせる噺（聴き込ませる噺で、大いに笑いをとることを最優先する噺ではない、といった意味であろう）は演じる上では楽、と語っていたという。一方で、地方の独演会において大阪の風俗を描いた「天王寺詣り」を演じ、大きな笑いを得ていたところはすごいと感じた、とのことであった。

また軽妙に演じる「宿替え」「嬶違い」「盗人の仲裁」など、大ネタではないものにも独自の陽気な面白さがあった。現在多くの噺家が演じ、高座にかけられる回数では間違いなく上位に入る「時うどん」も、その基本形は文枝から伝わったものといわれる。また、若いころの歌舞伎鳴物師の経験が生きる、ハメモノの入る落語も得意としており、既述のネタのほかには「蛸芝居」「軽業講釈」「紙屑屋」なども好んで演じた。

朝日放送の「ABC上方落語をきく会」には、第2回（昭和31年2月1日）から始まって生涯で計58回出演しており、この回数は物故者の中では桂米朝（250頁）に次いで多い。この会で複数回演じているネタには、すでに挙げたもののほかに「孝行糖」「喧嘩長屋」「花色木綿」「次の御用日」「口入屋」「崇徳院」がある。

吉本興業所属であるため、花月など劇場での出番もあり、そのような15分程度の出番では「動物園」「四人ぐせ」などを演じたほか、昭和50年代には「鹿政談」も演じていた。かつての梅田花月にはお囃子さんもいた、と文枝も語っており、落語をかけられる雰囲気があったのである。しかし50年代半ばの漫才ブーム以降は、劇場で落語ができる環境はかなり悪化し、同時に生の囃子も消滅していき、きっちりしたネタをするのは難しくなったという。

若い頃には「高尾」や「祝のし」も演じたが、後年は三代目桂春團治が得意ネタにしたため、ほとんど演じなかった。また、「らくだ」「蔵丁稚」なども六代目笑福亭松鶴（239頁）に遠慮して手を出さなかったなど、周囲の落語家に気を使う面もあったようである。

新作にも積極的に取り組んでいたように見えるが、およそ依頼されると断らずに引き受けるためにいろいろ演じることになったらしい。企画を聞くと「面白そうでんな」と受け入れ、のちに受け取った台本を見てぼやく、ということがしばしばあった。晩年に演じた

「熊野詣」も企画として持ち込まれ、引き受けたものである。

マスコミでは昭和49年ごろから、桂米朝の後任として毎日放送テレビの『素人（しろうと）名人会』で審査員を務め、これが長年にわたって師のイメージとなり、親しまれた。この番組中のセリフ「敢闘賞あげとくなはれー」などを、弟子たちがよく物真似していた。ほかに『スッポンの千日堂』のラジオCMも長く勤め、この経験が後年、アニメ映画『平成狸合戦ぽんぽこ』で狸役の声優を勤めた時に役立ったという。また、吉本所属のお笑いタレントが今日ほど多くなく、かつ「テレビタレント」という存在が少なかった時代には、落語家や漫才師などの舞台芸人が関西の放送局制作のバラエティ番組に多く出演していた。文枝も『モーレツ！　しごき教室』（毎日放送）などのテレビ番組に出演し、『素人名人会』とあわせて広く顔を売ったという面もあった。

多くの門人を育て、その中から三枝（さんし）（六代目文枝）、きん枝（四代目小文枝）、文珍、小枝らマスコミで活躍する人気者が出たのをはじめ、古典の実力派文太、枝女太（しめた）、文華、独自の個性的な高座を見せる文福、女流の新作派あやめなど多彩な人材を輩出した。若手の頃はマスコミでのタレント活動が先行した者も多かったが、ベテランの域に入るとすべての者が落語に回帰し、師匠のネタを伝えているところは、結局のところ伸び伸びとした育て方が成功したといえる。受賞も数多く、晩年には平成9年に紫綬褒章、同15年に旭日小綬章を受章している。得意の「高津の富」ゆかりの高津宮境内に、「五代目桂文枝之碑」と記された顕彰碑が建っている。

現在、五代目文枝から伝わったネタの形が、基本形として後進に伝えられているものはかなりの数に上るのではないか。「時うどん」「船弁慶」「悋気の独楽」「天王寺詣り」などがこれにあたるだろう。

ただし継承には門弟の人数も関係するので、一面的な断定はできない。逆のパターンが三代目桂春團治で、数を絞って練り上げたネタが定型として伝わる面はあるが、一門が少数であるために、継承する演者数からみると文枝より目立たないということが起こる。

ともかく、文枝は「はんなりした芸風」などと評され、六代目松鶴とはまた違った、華やかで柔らかな大阪色を醸し出した落語家であった。

（中川　桂）

二代目　露の五郎兵衛
四代目　桂文紅
三代目　桂文我

いわゆる「四天王」……六代目笑福亭松鶴、三代目桂米朝、三代目桂春團治、五代目桂文枝と、その第二世代（弟子の世代）である笑福亭仁鶴、桂枝雀、桂春蝶、桂三枝（六代目文枝）らの間をつなぐ位置で貴重な役割を果たしたのが、露の五郎兵衛、文紅、文我らの世代である。

二代目 露の五郎兵衛

【つゆの・ごろべえ】
昭和7年（1932）3月5日・生
平成21年（2009）3月30日・歿

自伝的読み物である『上方落語のはなし』（朝日新聞社、平成4年）には、面白おかしい文体ながらも自身の経歴が書き留められている。五郎兵衛は京都の生まれで、6歳の6月6日から日本舞踊の稽古をはじめるような環境で育った。祖父が中国・広東省で日本料理店を経営していたため、芸者らを組織して軍部の慰問をする機会があり、これに幼少から参加し、子供の頃から芸事にかかわっていた。戦後、いくつかの劇団と関係する。芝居にかかわり、その活動の中で二代目桂春團治（191頁）と出会った。昭和22年11月に、春團治に入門して春坊の名をもらう。途中、宝塚新芸座に所属して役者を勤めた。同35年10月上席の角座で二代目桂小春團治を襲名。これは三代目桂福團治（二代目春輔）との同時襲名興行であった。小春團治を名乗っている間に、所属プロダクションは松竹芸能から千土地興業、さらに吉本興業へと変わっている。同43年4月、二代目露乃五郎を襲名。ちなみに初代露の五郎は明治期後半から昭和初期に活動した噺家である。それに次ぐ二代目として、4月1日から10日間、なんば花月で襲名披露興行が行われている。亭号の表記はのち、同62年に「露乃」を「露の」に改めた。そして平成17年10月に二代目露の五郎兵衛となった。京都を拠点に活動した江戸時代前期の上方落語の祖・露の五郎兵衛にあやかっての襲名だったが、これは歌舞伎の三代目中村鴈治郎が、元禄期前後に活躍した上方歌舞伎のパイオニアである坂田藤十郎の名を襲ったことに影響を受けたためという。

二代目春團治系統の滑稽落語では「猫の災難」「阿弥陀池」などを得意とした。また、春坊時代から演じている「浮世床」は、『上方落語のはなし』によれば二代目三遊亭百生（251頁）から教わった。ほかに「夢見の八兵衛」（「夢八」）もこの百生からだという。自作の「西遊記」はシリーズ化されて数本あるが、これも早いものは小春團治時代から演じている。

小春團治の時に「厄払い」「皿屋敷」「へっつい盗人」「近日息子」「尼買い」「二番煎じ」「壺算」「鳥屋坊主」はすでに演じている。珍しい「深山隠れ」は四代目桂文枝（明治24年・1891―昭和33年・1958）と桂南天（明治22年・1889―昭和47年・1972）から教わったという。
そのほか印象に残る持ちネタとしては「正月丁稚」「うなぎや」、大ネタでは「大丸屋騒動」、珍しいところでは「蛸坊主」などがある。そのほか艶笑噺、怪談噺も得意であった。艶笑噺については、一席物を手がけるだけでなく、普段の高座でもマクラではしばしば下（しも）がかった小噺（こばなし）や話題を持ち出すことが多くあった。

怪談噺を始めたのは、『上方落語のはなし』によれば、昭和34年頃の夏であるという。これはラジオ大阪の中西欣一プロデューサーから誘いがあってはじめたものであると前掲書にある。最初に演じたのが、従来あった怪談噺を練り直した自作の「怪談淀川堤」で、これは江戸落語の怪談噺「戸田の渡し」の上方版で、四代目桂文團治（221頁）も演じていたものである。やがて東京の八代目林家正蔵（しょうぞう）（のち彦六）の指導も受け、のちには怪談噺は五郎兵衛の代表的な売り物となった。「真景累ヶ淵（しんけいかさねがふち）　宗悦殺し」はたびたび演じており印象深い。本格的な怪談にも取り組み、「怪談雨夜の傘」などを演じた。

落語では独特の声柄を持っており、二代目春團治の系統を感じさせる、わりにアクの強い、もっちゃりした口調であったが、噺の世界を明瞭に表現する描写力に優れていた。これは役者の経験と無関係ではないだろう。その口調で描き出す世界は、ひと時代前の上方落語の雰囲気を伝えているところがあった。文筆でも才能を発揮し、上方落語の歴史を概観する『上方落語夜話』、先述した『上方落語のはなし』のほか、『なにわ橋づくし』『なにわ歳時記　五郎噺』など著書も多い。また、『五代目笑福亭松鶴集』の編集も行っている。

大阪仁輪加の継承にも心を砕き、一輪亭花咲の三代目を名乗って仁輪加も演じた。ちなみに、二代目花咲は明治22年（1889）生、昭和6年（1931）歿。大正・昭和期に活躍。素人俄出身で、子役として舞台を踏む。落語家として明治42年（1909）に六代目林家正楽（嘉永6年・1853―昭和4年・1929）に入門し右楽。二代目桂花咲となり、大正13年（1924）頃落語界を去り旅興行に出て、俄師として名も一輪亭と改めた。伝統的な大阪俄の形式を現代まで伝えた功績は大きい（『日本芸能人名事典』）。晩年は花咲の名跡を門弟の露の団四郎に譲り、自らは一寸露久と称した。この芸名は、初代の露の五郎兵衛が晩年に剃髪して「露休」と名乗ったのをふまえたものである。団四郎は仁輪加とともに怪談噺も継承している。弟子には立花家千橘、露の慎吾らがおり、また戦後ではおそらく初の女性噺家、露の都らの弟子を育てた。都が多くの女性志願者を門弟とし、現在では上方でも女性噺家が飛躍的に増えた。平成12年には紫綬褒章を受章。同6年4月から15年7月まで上方落語協会の五代目会長も務めている。

（中川　桂）

四代目 桂文紅

【かつら・ぶんこう】
昭和7年（1932）4月19日・生
平成17年（2005）3月9日・歿

四代目桂文紅は昭和7年（1932）、大阪府枚方（ひらかた）市に生まれた。同30年3月、四代目桂文團治（221頁）に入門して文光となる。立命館大学を出ての入門で、当時としては珍しい学士落語家であった。文團治唯一の弟子として貴重なネタを伝えることとなった。同34年2月に文紅と改名する（事典類では34年とするが、後述する本人の日記では33年3月14日から文紅に改名と記している）。42年3月23日に、初の独演会を大阪・千日前の自安寺で開催している。色黒でほっそりしていたため、マクラでは「エチオピアの煙突掃除みたいなんが出てまいりまして……」という決まり文句をよく使っていた。

入門して3年目頃からの若手時代の日記5冊が残っており、近年、四代目桂文我の編集で『桂文紅日記　若き飢エーテルの悩み』と題して出版された。これを読むと、若手時代の文紅が何を考え、どんなことに悩みつつ日々を送っていたのかがわかる。とくに他の落語家の噺を聴き、そこから顧みて自身の芸について何かと考えを巡らせている様子がうかがえて興味深い。中でも文紅の1年後に落語界に入り、若い時から売り出した森乃福郎（前名は笑福亭福郎）についての記述は多く、対照的な芸風ながらもライバル視していた様子が感じられる。落語会の演者・演目もよく控えられており、当時の上方落語界を知る好資料ともなっている。

同書には、文團治系統のネタでやり手の少ない「鬼薊」「胴取り」「島巡り」と、自作の「テレビ葬式」の速記が収められている。「テレビ葬式」は葬儀を実況中継する趣向の噺で、昭和41年に初演され、速記は同43年初秋に手直しされた時のものである。

ほかに持ちネタでは文團治系統の「肝つぶし」「らくだ」「いかけや」をはじめ、落語会の記録に見える主なネタでは「牛ほめ」「天王寺詣り」「天神山」「しびんの花活け」「初天神」「浮世床」「所帯念仏」「袈裟御前」「親子酒」「堀川」「打飼盗人」「江戸荒物」「播州巡り」「鷺とり」「盗人の仲裁」「遊山船」「ふたなり」「首の仕替え」「植木屋娘」「鳥屋坊主」など、演じたネタは多かった。

三代目桂文我との二人会を昭和45年11月から49年3月まで計8回開催しており、その演目は、文紅が『藝能懇話』6号に記した文我の追悼文（後述）に掲載されている。それぞれが毎回2席ずつ演じた演目のうち、文紅が演じたのは第1回から順に以下のとおりである。

「寝床」「らくだ」「浮世床」「テレビ葬式」「大盞」「質屋蔵」「続・千両みかん」「愛宕山」「稽古屋」「宿屋仇」「アルバイト」「景清」「東の旅　煮売屋～七度狐」「天王寺詣り」「饅頭怖い」「堀川」

少し高めの声で、わりに速めのテンポで語り、一方で少々硬い口調でもあり、晩年になっても決して老け込んだような雰囲気はなかった。その反面、体格においてもいまひとつ貫禄が伴わず、高い評価を得ていたとは言い難いところがあるが、古風なネタを伝えるなど貴重な存在として活躍した。一つの特徴として、ネタを途中で終わらせず、本来の型どおりサゲまで演じる姿勢を持っていた。三代目桂春團治が得意とした「いかけや」でも、春團治は途中までで終えていたが、文紅は基本的に鰻屋の登場するサゲまで演じていた。この姿勢は「浮世床」でも同様であった。そんな演じ方の背景には、文團治直系としての意識もあったのかもしれない。

文筆の才があり、若い頃から「青井竿竹」のペンネームで構成作家なども勤めたほか、特に晩年には落語会のプロデュースを手がけた。大阪芸能懇話会の同人であり、『藝能懇話』３号に、京都・新京極の寄席の思い出を記した「追憶の寄席〝富貴〟」を、同６号に三代目桂文我の追悼「『我やん』を悼む」を執筆している。

文紅を慕う後輩は多く、ネタの稽古はつけたが、結局弟子をとることはなかった。そのため、現在は系図上で文團治からの系統を汲む上方落語家はなくなってしまった。

（中川　桂）

三代目 桂文我

【かつら・ぶんが】
昭和8年（1933）7月5日・生
平成4年（1992）8月16日・歿

桂文紅（ぶんこう）と並べて言及されることも多い三代目桂文我（ぶんが）も貴重な役割を果たした一人だが、地味な芸風であったこともあり、そのまとまった記録としては、四代目文我の襲名を前に代々をまとめた前田憲司『桂文我』くらいである。同書を基に三代目文我の経歴を見てみたい。

昭和8年（1933）に大阪で生まれた。定時制高校に通いながら、同27年3月に二代目桂春團治（191頁）に入門して正春を名乗る。だが、春團治は翌28年2月に逝去するので、順調にいっても師匠には1年もつけなかったことになる。ところが師匠をしくじり破門されたため、修業できたのはさらに短い期間だった。いったんは会社勤めをするが落語界に復帰し、師匠も亡くなったので正春の芸名は返上して、若太郎を名乗ったというが、この名はほとんど使うことなく蛾太呂と改めた。その後、初代桂文我門下でかつて桂我朝（芸名に「我」の文字を用いている）を名乗った三遊亭百生の了解を得て、表記を我太呂と改める。なお、ガタロとは関西の言葉で河童の意味である。千日劇場の高座を中心に活動し、同43年11月、三代目文我を襲名。11月上席の千日劇場の興行で襲名披露が行われている。

我太呂時代の記録では「延陽伯」「宿屋町」「池田の猪買い」「がまの油」「鼻の狂歌」「ちりとてちん」「くやみ」「始末の極意」「あくびの稽古」「京の茶漬」「辻八卦」「青菜」「日和違い」「短命」などを演じている。

先述した文紅との二人会で、各人が毎回2席ずつ演じ全8回で掛けられた文我のネタは以下のとおりである。

「死ぬなら今」「あくびの稽古」「くやみ」「千両みかん」「始末の極意」「大仏餅」「胴乱の幸助」「青菜」「ふたなり」「延陽伯」「辻八卦」「あたま山」「東の旅　旅立ち〜軽業」「皿屋敷」「崇徳院」「三枚起請」

文我落語は欲のない落語と言おうか、淡々と演じる芸風であった。決して笑いの多い高座ではなかったが、堅実な話運びで安定感があった。薄味と称すればよいか、あっさり風味の落語で、漫才などが中心の劇場よりは、とくに何席かが並ぶ落語会で、間に挟まって出演すると持ち味を発揮するタイプだったといえるだろう。

そんなあっさり味がぴったりはまったというのか、桂文紅は『藝能懇話』6号所載の追悼文で、ある時、新世界の新花月で聴いた「京の茶漬」が絶品だったと記している（口演年月は不明）。

> 客が息を飲みながら聞いている。ツボへ来るとドッと受ける。根多の中で「……こたえんなァ……」という時の間の良さ。その日の客も良かった。（中略）私は、この年まで何人もの茶漬けを見てきたが、この日の我やんの茶漬けの味は最高であった。

若手の頃から酒癖が悪く、彼を語る逸話には必ず酒の話が出てくる。他の落語家のマクラにもしばしば登場するほどで酒がらみのエピソードには事欠かなかったが、自身は酒の噺を好んで演じるわけでもなく、またことさら酒好きを強調することもなかった。そのような高座での様子も、文我の欲のなさが表れているといえるかもしれない。

演芸場が全盛で、落語定席のない時代だったのが不運と思われる。定席があれば、つなぎに絶妙の役割を果たし、もっと活躍の場があった噺家であったろう。

（中川　桂）

二代目 桂春蝶
四代目 林家小染

若くしてこの世を去った芸人たち。彼らがもう少し長く生きていてくれたなら、今の落語界の勢力図は大きく変わっていたのではないだろうか、と思わずにはいられない落語家たちがいる。例えば、七代目笑福亭松鶴襲名が決まっていながらも病に倒れて果たせなかった笑福亭松葉（昭和27年・１９５２―平成８年・１９９６）、桂米朝の正統な後継者であると目されていながらも病魔におかされ帰らぬ人となった桂吉朝（昭和29年・１９５４―平成17年・２００５）ら、志半ばにして逝ってしまった落語家たちは少なくない。ここでは、昭和40年代（１９７０年代）の「上方落語ブーム」を牽引し、まだまだこれからという時期に亡くなった二人の噺家、二代目桂春蝶と四代目林家小染にスポットライトを当ててみたい。

二代目 桂春蝶

【かつら しゅんちょう】
昭和16年（1941）10月5日・生
平成5年（1993）1月4日・歿

二代目桂春蝶、本名浜田憲彦（のりひこ）。昭和16年（1941）10月5日、大阪市浪速区日本橋3丁目に、5人兄弟の三男として生まれる。大阪市立波除小学校、大阪市立市岡中学校、大阪市立市岡商業高校を経て、大阪屋証券へ入社。2年半勤めるも、寄席で見た三代目桂春團治（263頁）の羽織の脱ぎ方にあこがれ、昭和38年2月に入門。二代目春團治の前名であった春蝶（ただし二代目は「はるちょう」）を名乗り、生涯この名で通した。初高座は新世界の新花月、10日間で8000円の出演料だったという。

入門してまもなくの昭和38年9月、千日前自安寺で「上方ばなし若手会」を開始する。桂小米（こよね）（二代目枝雀、303頁）、笑福亭光鶴（こかく）（五代目枝鶴（しかく））、笑福亭仁鶴（にかく）、桂春蝶、桂朝丸（ちょうまる）（二代目ざこば）という、いずれも入門3年未満の若手落語家による月例勉強会であった。同44年7月12日、心斎橋の日立ホールで「小米・春蝶二人会」を開催（第7回から第10回までは会場を朝日生命ホールに変更）、47年9月14日には第一証券ホールで東京公演を行っている。この会を見た評論家の矢野誠一は「正直にいって最近の落語会にはない強烈な衝撃を受けた会だった。今年度の収穫のひとつに取りあげていいだろう。なによりも素晴らしいのは、二人とも先輩のマネではない。自分の落語をしゃべってくれたことだ。単なるテクニックだけを取りあげたら、この二人よりも上の若手が何人もいる。だが、これだけおかしい落語のしゃべれる若手となると残念ながら東京には見当たらない」（『週刊明星』）と、二人の落語を高く評価している。

本格派の落語家として注目される一方、早くからマスコミでも活躍し、落語に興味のなかった若者たちに向けても、その魅力を広くアピールした。ラジオ大阪の深夜放送『ヒットでヒット バチョンといこう！』や、朝日放送ラジオのお昼のクイズ・トーク番組『ポップ対歌謡曲』『歌謡曲ぶっつけ本番』などで、ディスクジョッキーとして知名度を上げ、関西テレビ『ワイドショーWHO 男の井戸端会議』などでは、仕切りの上手い司会者として人気を集めた。また、熱狂的な阪神タイガースファンとしても知られ、『春蝶のそれゆけタイガース！』（ABCブックス）や『たのんまっせ！阪神タイガース』（ディスコメイト）など、タイガース関連の書籍やレコードも発売された。

昭和51年10月、松鶴・米朝・文枝・春團治の「上方落語の四天王」に続く次の世代として、盟友の枝雀がいち早くサンケイホールで独演会を開催すると、これに刺激を受けたのか、同53年4月5日に大阪堂島の毎日ホールで「桂春蝶独演会」を開催。「舞え、飛べ、春蝶!!　満を持しての初リサイタル」と題された会は、２階席を含めた１４１８席が観客で溢れかえり、「これまでもうひとつ欲のなかった、というか、むき出しのファイトとは縁遠かった桂春蝶が、が然やる気を出してきた」（『落語界』第28号）と評された。まさに順風満帆であった。

ところが、昭和55年11月14日、突如吐血して入院する。一時は生命も危ぶまれたが、新春に退院して3月から復帰、この病気が春蝶にとって大きな転機となった。復帰したばかりの4月7日の第4回「桂春蝶独演会」では「立ち切れ線香」を演じ、翌年、さらにその翌年の第5回、第6回では「地獄八景亡者戯（じごくばっけいもうじゃのたわむれ）」「菊江仏壇」という大ネタに果敢に挑戦している。なかでも、桂米朝の専売特許であった「地獄八景」を、戦後初めて米朝以外で手がけ、その後の枝雀、三枝（六代目文枝）などへと続く「地獄八景ブーム」の口火を切ったことは、ほかの演者が口演することによって名作へと育っていく落語の特性を考えると、落語史的にも大きな意義があったといえよう。なお、春蝶は米朝作「一文笛」にも若い頃から積極的に取り組んでいる。

マクラでは、日常の些細な出来事をボヤキながらも、庶民的な感覚で聴衆に共感を抱かせ、自身の痩せた体などを話題にしてよく笑わせた。師三代目春團治の「華麗」を継承しつつも、より親しみやすい、市井の中の華やかさといった趣で、特に女性の描写に優れ、細身の身体に淡い色気を感じさせた。決して爆笑をさらう種類の落語ではなかったが、音域の広さと声音の安定感、温かみのある声の説得力によって、聴き手をごく自然に噺の世界へと誘い、噺に浸りきれる楽しさが、春蝶の落語にはあった。一席聴き終わった後には、心にほどよいぬくもりが残り、落語だけでなく春蝶の人柄までをも好きになってしまうような魅力に溢れていた。

「がまの油」「鉄砲勇助」「ぜんざい公社」「替り目」「皿屋敷」「崇徳院」「京の茶漬」「子ほめ」などの軽いネタから、ほのかな艶気を醸し出す「親子茶屋」「植木屋娘」「悋気の独楽」、人生のペーソスを漂わせる「一文笛」「宇治の柴船」など、また「立ち切れ線香」「猫の忠信」「はてなの茶碗」「三枚起請」などの大ネタ、さらに、桂音也作の「昭和任侠伝」

や自作の「ピカソ」、和多田勝作の「ご先祖様」や加納健男作の「河童の皿」、小松左京や藤本義一作の新作落語まで、幅広い芸域を持ち、本人が「殊更、新作の場合に新作ことばというような意識はないんです」（「特殊から生まれる普遍な笑い　わたしの新作落語論」）と述べるように、口調に古典臭がなく、古典落語でも新作落語でも、噺の中に無理なく現代を表現できる稀有な存在であった。

枝雀に続く逸材として期待されたが、晩年は体調を崩し、胃を切除するなど入退院をくりかえした。平成5年（1993）1月4日、肝硬変による消化管出血のため死去。51歳。墓石には春蝶のファンであった司馬遼太郎の手になる「春蝶」の字が刻まれている。三代目春團治門下で活躍中の三代目桂春蝶は長男である。

（宮　信明）

四代目 林家小染

【はやしや・こそめ】
昭和22年（1947）6月11日・生
昭和59年（1984）1月31日・歿

ひょろりとして都会的であった春蝶とは対照的に、ぽっちゃりもっちゃりとして、体形も芸風もまさに正反対だったのが四代目林家小染である。

本名を山田昇（正しくは「舁」）という。昭和22年（1947）6月11日、大阪市阿倍野区に末っ子三男として産声を上げた。小学校5年生の5月3日に千日劇場で笑福亭枝鶴（しかく）（六代目松鶴、239頁）の「相撲場風景」を聴き、初めて生の落語に触れる。中之島のABCホールで開催された「第十三回 朝日放送上方落語をきく会」で、三代目林家染丸（211頁）が演じた「お文さん」に衝撃を受け、入門を決意。一度は断られるも、落語家への夢断ちがたく、新作落語を作って、再度染丸に弟子入りを志願した。同39年1月10日に晴れて入門を許され、翌40年の春には京都花月で初舞台を踏んでいる。

昭和41年11月には、落語を題材としたコント「はなしか団地」をうめだ花月で初演。出演者は笑福亭仁鶴、桂小米朝（月亭可朝）、笑福亭光鶴（五代目枝鶴）、小染の4人。この経験によって、小染は古典落語に工夫を加えるコツを学び、それが落語を演じる上でのヒントにもなったという。同47年、毎日放送テレビの番組『ヤングおー！おー！』で、若手落語家ユニット「ザ・パンダ」（ほかのメンバーは月亭八方、桂きん枝、桂文珍）を結成、読売テレビのドラマ『居候ばんざい』では主役を務め、朝日放送テレビの『花の駐在さん』や「金鳥サッサ」のCMでのひと言「おこりないなあ」が流行語となった。

お茶の間の人気を集めつつも、古典落語の担い手としても着実に歩を進め、昭和54年9月1日には大阪毎日ホールで、満を持して「林家小染独演会」を開催。当日は立ち見客まで出る盛況で、毎年秋の恒例となった。「らくだ」や「景清（かげきよ）」「三枚起請（きしょう）」「三十石」などの大ネタを次々に演じ、枝雀、春蝶に続く存在として高く評価されるとともに、四代目林家染丸を継ぐ落語家として、大いに期待されるようになる。本人もおとうと弟子の染二（四代目染丸）に「ワイ、四十になったら染丸になろう思てんねん。かめへんか」（『落語』第二十号）と語っていたというが、酒の上での失敗が多く、先輩に食って掛かったり、事件を起こしてニュースになったり、また泥酔状態で高座へ上がることもあり、周囲をヤキモキさせた。

そんな矢先の昭和59年1月29日未明、大阪府箕面(みのう)市桜井の国道171号線で、酔って道路に飛び出したところを大型トラックに撥ねられる。翌々日の31日、医師たちによる懸命の治療も空しく、林家小染永眠。36歳。秋には、四代目林家染丸を襲名することが決まっていた。

笑芸作家の香川登枝緒は「東西ともテンポの速い落語家が多い中で、小染のような大阪弁でいう〝まったり〟した味を持っている落語家は少なかった。大器晩成型で50、60代が楽しみだったのに残念。もったいないの一言です」と、そのあまりにも早すぎる死を惜しんでいる。当時の上方落語協会会長の桂小文枝（五代目文枝）も、「いわば古典落語の味のある、最後の奴のような感じがするんですよね。今「ああ、おしかったなあ」で済むけども、何年か先んなったら「あいつがおったらなあ」というようになるんやないかと思いますなあ」（『落語』第20号）と語っている。

数少なくなっていた林家の筆頭として古典落語に精進し、師匠染丸の芸風から派生した、大阪人らしいもっちゃりとした口調と、それを泥臭くしない愛嬌と人懐っこさが、小染の落語にはあった。自分の失敗をマクラに振る時の、どこか気恥ずかしそうな笑顔は、聴き手に深い愛着を抱かせるとともに、ふと一抹の陰が漂うことがあり、演芸評論家の相羽秋夫はこれを珍奇な造語で〝メソタジー〟（『現代上方落語人録』）と呼んだ。笑いの内にある寂しさと悲しさを、余り抑揚をつけずに淡々と語り、落ち着いて堂々たる話しぶりは、36歳で亡くなっているとは思えないほどの貫禄を示している。

得意演目は「たいこ腹」「莨（たばこ）の火」「景清」「お文さん」「ざこ八」「尻餅」「ふぐ鍋」「茶目八」などの林家の遺産、「花筏」「鍬潟（くわがた）」「相撲場風景」などの相撲の噺、「堀川」「らくだ」「うどん屋」などの酒の噺、さらに15分と持ち時間の短い花月でよく演じられた「運廻し」「上燗屋（じょうかんや）」「鹿政談」（所要時間の短い林家の型）などが挙げられるだろう。「腕食い（かいなくい）」「禁酒関所」のような陰惨でじめじめとした噺や下（しも）がかった噺であっても、小染の天性の明るさと柔らかい口調、さらに噺をつとめて軽く運ぶ技術によって、暗さや汚さは気にならず、かえって登場人物たちのしたたかな生きざまが浮き彫りとなる。聴き手を噺の世界へとぐいぐいと引き込んでいくその迫力は、まさに圧巻であった。その芸の一端は、ＤＶＤ・ＣＤ-ＢＯＸ『四代目林家小染』で垣間見ることができる。また、その生涯や人物については、古川嘉一郎による評伝『なにわの急ぎ星　ドキュメント林家小染』に詳しい。

昭和の上方落語史において、これほど早世が悔やまれる落語家たちも少ないのではないだろうか。70年代後半から80年代初頭にかけて、四天王に続く世代は、喉の病気療養中であった仁鶴を除けば、トップを独走していた枝雀、そのあとを追走する春蝶と小染、そこに朝丸（二代目桂ざこば）、三枝（六代目文枝）、四代目福團治などが加わり、多士済々な顔ぶれであった。「長生きするのも芸のうち」とは、歌人の吉井勇が八代目桂文楽に贈った言葉だが、二代目桂春蝶と四代目林家小染、この二人の落語家が、もう少し長生きして第一線で活躍し続けていてくれたなら、平成の上方落語界はまた違った展開を見せたはずである。返す返すも残念でならない。

（宮　信明）

二代目 桂枝雀

【かつら・しじゃく】
昭和14（1939）年8月13日・生
平成11（1999）年4月19日・歿

昭和14年8月13日、神戸市灘区中郷町二丁目三番地に私が生まれたのでございます。

これは二代目桂枝雀が「貧乏神」や「鴻池の犬」のマクラで語る自らの生い立ちである。本名前田達（とおる）。父は武雄、母はますゑといった。昭和20年（1945）6月、神戸大空襲で父親の郷里鳥取県倉吉市に疎開するも、すぐに兵庫県伊丹市へと移り、市立神津小学校、市立北中学校へと進学する。少年時代の達は、学業優秀であったが、大阪弁でいうところのいちびりな性格であった。市立伊丹高校2年生の頃から、朝日放送ラジオの聴取者参加番組『漫才教室』に、弟の武司（マジカルたけし）と漫才コンビを組んで出場、たちまち「伊丹の前田兄弟」としてその名を知られるようになる。『素人落語ノド自慢』『素人演芸コンクール』といった番組にも出演し、審査員を務めていた三代目桂米朝(べいちょう)から指導を受けるようになった。

高校卒業とともに神戸大学に合格。米朝の助言に従い大学に通い出したものの、丸1年通ったところで「大学も別にどうちゅうこともない」とあっさり退学。昭和36年4月1日、桂米朝に正式に入門し、「桂小米(こよね)」を名乗る。内弟子に入った小米の稽古熱心さは尋常ではなかった。掃除機をかけながら、「こんにちは」でガツン、「ま、こっちお入り」でガチャン、かくして米朝家の窓ガラスは、小米の内弟子生活の2年間にすべて割れ、置物は壊れ、家具は傷ついたという。この頃、師匠からよく指摘されたのは「いちびり癖を直せ」ということであった。三代目林家染丸が好きで、その口調を真似て、「コンニチワ」を「クォンニィチィウワー」と言っていたところ、米朝に「普通に言うたらどうや」と口が酸っぱくなるほど直されたという。

本人の記憶によれば、初舞台は昭和37年4月、大阪ミナミの千日劇場。小米時代には、より深くシャープに落語を演じようとするあまり、「その声では後ろのお客さんまで届かない」と注意されたこともあった。当時、龍谷大学の落研に所属していた弟子の雀三郎によれば、「すごく新しかったです。感性が若くって、ちょっと危ないような感じで、（中略）だから落研にはものすごい人気があった」（『枝雀とヨメはんと七人の弟子』）という。特に、不思議な発想のマクラや、ラジオ大阪の深夜番組『オーサカ・オールナイト 叫べ！ヤングら』から生まれた「SR」（Short Rakugo）は、若者から絶大な支持を集めた。

ラジオから流れる小米の声を聴いてやってきた入門希望者がいる。森本良造、のちの桂べかこ（三代目桂南光）である。べかこが入門を許された翌年の昭和46年3月には、二番弟子の米治（桂雀三郎）が入門、また、同45年10月に女性トリオ「ジョーサンズ」の良子（本名前山志代子）と結婚し、47年3月には長男の一知（桂りょうば）が誕生した。弟子ができ、家族ができた小米は、「そろそろ自分の会をやらないかんな」と、46年5月26日、阪急伊丹駅にほど近い杜若寺で「小米の会」を開始する。

順風満帆かと思われたその矢先、大きな落とし穴が待っていた。昭和48年2月1日、道頓堀の角座に出演するために乗り込んだタクシーから、「いやや、こわい」と小米が飛び降りてきたのである。兆候は前年の5月頃からあった。テレビ、ラジオの仕事を減らし、自分の落語を完成させたいと思うものの、演芸場は漫才目当ての客ばかりで、自由に好きな落語ができない。弟子が二人になり長男も生まれ、ストレスから胃を痛めた小米は、自らが命名した「死ぬのが怖い病」にかかってしまう。二カ月半後の4月16日、第18回「小米の会」の案内状には、「長らく心の旅に出ておりました桂小米がこの度、無事帰国いたしましたので、再びここに「小米の会」を開かせていただきます」と記されている。

「心の旅」から戻ってきて半年後の昭和48年10月上席、角座で「光鶴改め五代目笑福亭枝鶴、小米改め二代目桂枝雀、小春改め四代目桂福團治襲名披露特別興行」が開催され、小米は二代目桂枝雀を襲名した。これを機に、枝雀は「とにかく知的な内容を短い時間でたくさん送れれば、効率的、効果的だという考え方しかなかった」(『桂枝雀のいけいけ枝雀、機嫌よく』)と、ややストイックだった小米時代の芸風を一新。「私は元来、緊張の勝った落語家でございましたが、襲名披露を機にこれではいかぬ、少し緩和を増さねばと思い立ち、具体的には落語をわざと漫画化するということを試みたのであります」(『まるく、まぁるく桂枝雀』)と本人が述べるように、大げさな表情と派手なアクション、誇張された言葉による爆笑型の「枝雀落語」へと変貌を遂げていったのである。

これまでは「エ、しばらくの間おつきあい願います」と一息でしゃべっていたフレーズを、「えー、しばらくの、おー、あいだ、んー、おつきあいを、おー、願います」と、わざと言葉を切って、ゆっくりと伝えるように工夫するとともに、高く尖った緊張感のある小米時代の声質を、砂川捨丸や日吉川秋斎を手本に、低くかすれ気味の緩和声――本人が言うところの「すかし声」――へと改造したのである。

そんな努力の甲斐もあって、それまで落語に興味のなかった多くの人たちが枝雀の落語会に集まるようになる。昭和51年10月1日には、大阪のサンケイホールで「桂枝雀独演会」を開催、前売券はあっという間に売り切れ、定員1500名の会場に、立見も含め1700人が詰めかける大盛況ぶりであった。翌年は2日、翌々年は3日と、1年に一日ずつ公演日数が増え、6年目の56年10月には、6日間連続独演会「枝雀十八番」に挑戦、チケットは前売初日に完売した。60年9月には、二度目の「枝雀十八番」を開催している。

昭和54年の夏、枝雀は頭を剃った。40歳、不惑(ふわく)である。同年9月には、朝日放送テレビの日曜深夜枠で『枝雀寄席』がスタート。枝雀のご挨拶、ゲストとの対談、枝雀の落語一席という構成であったが、その後、放送時間が拡大し、弟子の落語一席と一門による大喜利コーナーが追加された。この番組で枝雀落語の虜になってしまった人も少なくないだろう。56年には、NHKテレビドラマ『なにわの源蔵事件帳』で連続ドラマ初主演、第1回目の関西地方の視聴率は驚異の29・7％、世間はちょっとした枝雀ブームの様相を呈しはじめた。

昭和59年3月28日、ついに枝雀は東京の歌舞伎座で「桂枝雀独演会」を開催する。立ち見も含め、観客は約2200人。高座は爆笑につぐ爆笑で、トリの演目「地獄八景亡者戯（じごくばっけいもうじゃのたわむれ）」が終わって緞帳が下りても、拍手が鳴りやまない。劇場スタッフから「お客さんが立たないですけどどうしますか」「ちょっと開けます」と促され、戸惑いながらも、もう一度舞台へ戻った枝雀は、「どうもありがとうございました。おおきに……」と深々と頭を下げた。翌60年4月28日には「米朝・枝雀の会」、62年4月28日から30日には三日間連続独演会「枝雀三夜」、その後、63年4月から平成2年（1990）4月にかけて「桂枝雀独演会」が定期的に開催され、枝雀の歌舞伎座での落語会は、毎年春の恒例となった。

初の歌舞伎座公演から四カ月後の昭和59年7月には、アメリカペンシルヴァニア州のスクラントンという小さな村を訪ね、英語で「Summer Doctor（夏の医者）」を披露、これが「英語落語」のはじまりである。翌60年7月6日には、大阪本町のテイジンホールで「第一回桂枝雀英語落語独演会」を開催し、大きな話題となった。62年2月16日からは、大阪サンケイホールで「桂枝雀英語落語会」が開かれ、平成9年2月5日までに計10回の公演を重ねた。平成元年4月28日には歌舞伎座でも開催され、昭和62年6月からは、アメリカやカナダ、オーストラリアなど、毎年のように海外公演が行われた。

活動の幅を広げ続ける枝雀は、昭和63年に映画『ドグラ・マグラ』に出演、主人公の正木博士を怪演した一方で、同60年6月7日には「桂枝雀フリー落語の会」という月一回のユニークな落語会を始めている。フリー・ジャズにヒントを得た「フリー落語」は、ストーリーを先に進めることよりも、ストーリーとは直接関係のない会話で噺の世界や登場人物のキャラクターをより克明に描き出し、その場で起こる偶然の出来事を聴き手と共有する試みであった。フリー落語以降の枝雀落語は、落語を型通りに演じることからより自由になり、一席の上演時間がこれまで以上に長くなっていった。

平成8年10月からは、NHK朝の連続テレビ小説『ふたりっ子』に出演。同9年1月には、「出演者は枝雀のみ」の新たな落語会「枝雀ばなしの会」を大阪と東京でスタートさせている。聴き手の期待に応えるよりも、自分の好きな噺を自由に披露するための実験の場として、会場もこれまでのような大きなホールではなく、収容人数200人ほどの小さな空間が選ばれた。

しかし、この頃から体調を崩し、枝雀は高座を休みはじめる。

平成9年7月27日、枝雀が不調の時も一門の出演で収録が続けられていた『枝雀寄席』に、休演予定の枝雀が突然現れた。収録が終わったはずの舞台に、出囃子「ひるまま」が流れ、浴衣姿の枝雀が登場すると、会場からはどよめきが起こり、大きな歓声が飛んだ。「幽霊の辻」をポッリポッリと話しはじめる枝雀。サゲまでの20分を演じ切った。そして、翌10年1月14日に高松市で行われた「朝日落語会」での「宿替え」が、公式な場での枝雀最後の高座となった。同年7月26日には、再び出番外で『枝雀寄席』に登場、「どうらんの幸助」を演じている。

平成11年4月19日午前3時2分、二代目桂枝雀永眠。享年59。3月13日の夜に自ら命を絶ち、意識が戻らないまま迎えた37日目の朝であった。

■

その極端に誇張された芸風からは想像しにくいが、枝雀は理論家であった。あまたある枝雀理論のなかでも、その根幹をなすのが、「笑いは緊張の緩和によって引き起こされる」という「緊緩理論」だろう。「緊張の緩和」とは、「おや?」という軽い疑問(緊張)を、なんらかの方法で解決することで「なーんだ」と安心(緩和)し、その瞬間に笑いが生まれるという、人間の生理的な笑いの法則を説明した理論である。例えば、声にも緊張声と緩和声があり、枝雀が巻き舌を多用するのは、普通にしゃべっている中に、巻き舌を入れることで、緊張が緩和され、笑いが生まれるという理論に基づいている。もう一つ、枝雀理論の技術的な側面を代表するのが「サゲの四分類」である。これまでも落語のサゲ（オチ）の分類はあったものの、その視点がバラバラなことに疑問を抱いた枝雀が、聴き手の心理に応じて分類することにしたのが、サゲの四分類。「ドンデン」「謎解き」「へん」「合わせ」である。なお、「緊緩理論」「サゲの四分類」の詳細は『らくごDE枝雀』（ちくま文庫）に詳しい。上岡龍太郎が司会を務めた『EXテレビ』（読売テレビ）で紹介されたこともあり、枝雀理論は広く一般にも知られるようになった。特に、「緊張の緩和」理論は、枝雀を敬愛するお笑い芸人、松本人志や千原ジュニアなどがテレビで頻繁に言及することで、今では一般的な笑いの理論として定着している。

枝雀落語の特徴は、なによりもその身ぶりの大きさにあるだろう。「植木屋娘」で、座布団の上を飛び回る華麗なアクション。「親子酒」で、高座の床にゴンと凄い音を立ててでこから落ちる衝撃。「くしゃみ講釈」では、見台を持ったまま倒れ、「一人酒盛」では、座布団を抱えたまま山台から落ちるなど、コミカルな表情とオーバーアクションは、登場人物への共感の表現として、まさに枝雀落語の代名詞であった。独特な言葉づかいも、また枝雀落語の大きな魅力である。「スビバセンネ」「ベンボクナイ」「ワッカリマスカ」といった表現が、その代表例だろう。「ちしゃ医者」の赤壁周庵先生の咳ばらい「ダッファンダー」は、志村けんの「だっふんだ」というギャグに受け継がれているが、志村けんでなくても、枝雀の言葉は真似をしたくなる。「ハ、ハ、ハ」という枝雀の特徴的な笑い方が、笑いとはなんら関係のない文脈に織り込まれていくように、それは言葉の意味よりも音の面白さを重視しているからにほかならない。対照的に、「天神山」の「ある春の日のお話」や「三十石」の「いまにも降ってきそうな満天の星月夜」など、詩情豊かなフレーズもまた枝雀落語の醍醐味である。

時期によって演目の一部に多少の入れ替えはあったものの、枝雀は持ちネタを60と定めていた。その変遷は、小佐田定雄『枝雀らくごの舞台裏』（ちくま新書）に詳しいが、なかでも「代書」「宿替え」「鷺とり」「夏の医者」「つぼ算」「一人酒盛」「かぜうどん」「植木屋娘」「くしゃみ講釈」「親子酒」「高津の富」「寝床」「どうらんの幸助」「うなぎや」などが得意演目と言えるだろうか。また、「幽霊の辻」「雨乞い源兵衛」など、小佐田定雄作の新作、さらにSRなどもよく演じていた。

それらの演目は、師匠の米朝同様、様々なバージョンが音声や映像として残されている。まとまったもので比較的アクセスしやすいものに、『枝雀独演会』『枝雀落語らいぶ』『枝雀落語大全』『枝雀十八番』『桂枝雀 落語選集』（以上、CD）、『枝雀落語大全』『枝雀十八番』

『落語研究会　桂枝雀全集』『桂枝雀名演集』（以上、ＤＶＤ）などがある。また、活字としては『桂枝雀爆笑コレクション』（ちくま文庫）に63席分の速記が載り、その他、関連書籍として先に触れたもの以外では、『笑いころげてたっぷり枝雀』（レオ企画）、『桂枝雀　おもしろ対談』（淡交社）、『桂枝雀のらくご案内―枝雀と61人の仲間』（ちくま文庫）、『笑わせて桂枝雀』（淡交社）、『哲学的落語家！』（筑摩書房）などが発売されている。

大きな身ぶりと豊かな表情、独特な抑揚の言葉づかいによって、落語の新たな表現方法を模索し、よりわかりやすく親しみやすいその高座は、幅広い落語ファンを開拓し、落語の可能性を大きく広げた。ラジオやテレビのタレントとしてではなく、落語そのものでここまで人気を集めたのは、昭和の上方落語史において桂枝雀ただ一人ではないだろうか。「凝り性でダレ性」と本人が述べるように、常に動いていた枝雀の芸は、大きく、鮮やかに変化し続けた。師匠の米朝は、枝雀の追善興行や追悼番組で「枝雀はもう一度化けると思うてました」と、しばしば語っていたが、もう一度化けた枝雀の高座を見ることは、全ての落語ファンにとっての願いでもあっただろう。今となっては想像することしかできないが、それは「ただ座って笑っているだけ」という、枝雀本人が理想とした姿だったかもしれない。

（宮　信明）

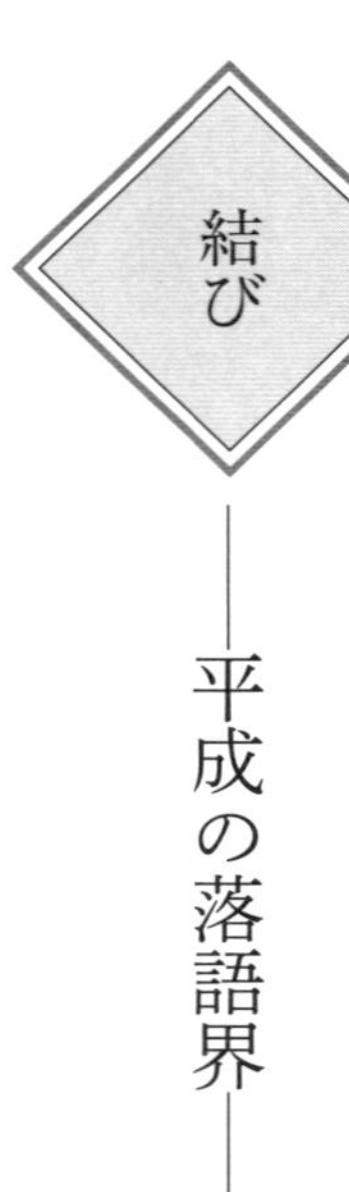

結び
――平成の落語界――

中川　桂

本書は「昭和」の年代を一つの時間的な区切りとしているが、それに続く「平成」の時代も終わりを告げた現在、平成の落語界の動きを簡略にたどっておきたい。

■

１９８９年が平成元年にあたるが、平成の初期は日本がバブル景気に湧いており、何かと豪勢で華美なものが持て囃された時代であった。そのような世情においては落語のようなシンプルな芸能は注目されず、平成の初期は取り立てて落語が話題となることも少なかったといえる。しかしバブル経済が終焉を迎え、世情も落ち着きを取り戻してくる中で、落語への注目も次第に高まってくる（もしくは、再び注目を浴びる）こととなった。災害が相次いだことも無関係ではないように思われる。平成7年には阪神・淡路大震災や地下鉄サリン事件、平成23年には東日本大震災および福島の原発事故が襲った。そのほかにも平成という時代は、その期間を通じて各地で自然災害が頻発した。そのような世相にあっては、華美に流れず、質素でありながらもその演出によって無限の可能性を秘める落語に再び注目が集まったのは納得できるところかもしれない。

まず、落語界にとってうれしいニュースが平成初期にあった。平成7年に東京の五代目柳家小さんが落語界では初となる重要無形文化財保持者（いわゆる人間国宝）に認定され、翌8年には上方の三代目桂米朝が人間国宝に認定された。落語が芸術性の高い芸として認められたといえる。だが、平成の初期に目立った話題というのはこれらの認定くらいだったかもしれない。

ところが、それに続く時期には訃報が相次いだ。平成11年に上方で「爆笑王」といわれ、まさに爆発的な人気を誇った桂枝雀（しじゃく）が死去する。同13年には東京の落語界のトップランナーといえる古今亭志ん朝が死去した。この両者はともに、これからも落語界を担っていくべき年齢での早すぎる退場であった。さらに翌14年には、高座から退きがちであったものの、東京落語の筆頭格というべき小さんが死去した。落語への注目が低下していた時期であったこともあり、とくに志ん朝が亡くなった時には、落語界も今後低迷に向かうのではないか……という声も聞かれた。

だが後から振り返れば、このような第一人者の相次ぐ死が落語家にも危機感や、また一方で自身のチャンスとも受け取られ、むしろ上昇気流へと転ずる、演者にとっても世代交代の契機となった。

まだ落語人気が回復するには至っていなかった時期である平成15年、東京では春風亭小朝が落語人気復活を画策し、知名度の高い落語家で「六人の会」を結成した。翌16年から20年にかけて、毎年一回、数日間にわたるイベント「大銀座落語祭」が開かれて大いに注目を集めた。そして17年頃から、東京では落語ブームと呼ばれて注目が増していくこととなる。直接のきっかけはこぶ平改め九代目林家正蔵の襲名披露だった。襲名に際して落語界では異例のお練りを行うなど、話題づくりを意識した取り組みが功を奏した。ちょうど同年にＴＢＳ系のテレビドラマ『タイガー&ドラゴン』が放映される。このドラマでジャニーズ事務所のアイドルが落語家役を演じ、またドラマのストーリーも古典落語をふまえたもので、これまで落語に触れる機会がなかった世代にも落語を認知させる効果をもたらした。

その頃から入門者も増加の一途をたどり、中堅からベテランの者たちも充実度を増してきた。東京では志ん朝の次世代として、柳家さん喬、柳家権太楼、五街道雲助、春風亭一朝ら、古典落語を中心に確たる実力の下で笑いをとる落語家たちが安定した評価を得ている。新作派では引き続き三遊亭圓丈が気を吐き、またそれに続く世代として、春風亭昇太、柳家喬太郎ら「SWA（創作話芸アソシエーション）」で活躍した面々の古典・新作両面での果敢な活動があり、その次世代では柳家三三、桃月庵白酒、春風亭一之輔ら若手真打の世代がおり、さらにその次世代として落語芸術協会のユニット「成金」のように二ツ目クラスの人気者も生まれ、現在は「若手落語家ブーム」という声も聞かれるほどである。かつてのようにマスコミで売れている者だけが集客力を有するということはなく、一般的な知名度はさほどでなくてもチケットが取りにくい落語家もおり、落語そのものがある程度確かな評価を得ている感がある。

平成24年に刊行された『落語の履歴書　語り継がれて400年』（小学館）で、山本進は次のように述べている。

志ん朝が亡くなったとき、江戸落語の灯は消えたという人もあったが、それはどうだろうか。志ん朝、談志、圓楽の世代は、昭和の名人を直接知り、その凄さを見せつけられ、その芸の呪縛から逃れられなかったが、その次の世代は、名人の怖さを知らない、呪縛から解放された世代だ。（中略）名人芸を知る世代には眉をひそめる人もあろうが、それだけのびのびしている。志ん朝という大輪が散って十年が経ち、気がついてみたら、平成落語は、小粒かもしれないが、百花繚乱のかたちになったといえるのではないか。

平成の時代が終わった現在も、この見解には首肯（しゅこう）するところである。

平成26年には柳家小三治（こさんじ）も、東京の落語界では師匠・小さん以来の人間国宝に認定された。各世代に力のある落語家が揃い、人数だけでなくその質の面でも充実した状況といえよう。前述の『タイガー&ドラゴン』以降も、折に触れて東京の落語を題材にしたテレビドラマ、漫画、アニメ、映画などが制作されており、それらのメディアから落語に興味を持つ層が現れているのは好循環といえる。落語家の増加に伴って小規模な落語会場も次々と増え、らくごカフェ、神田連雀亭（れんじゃくてい）などでは盛んに会が開かれている。

▩

一方、上方では長年、落語中心の定席がなかったところに、落語を毎日演じる寄席（よせ）ができたのが平成最大の出来事である。平成18年、大阪市の天満に「天満天神繁昌亭」が開場し、昼席では上方落語協会による定席公演が、夜席は単発の落語会が開催され、上方落語の拠点が定まった。その後、NHKの連続テレビ小説『ちりとてちん』が平成19年秋から20年春にかけて放送され、上方落語への注目が高まる効果をもたらした。このドラマの影響に加えて、男女共同参画社会の到来もあり、東・西通じて女性の落語家が大幅に増えたのも平成の時代の特徴である。

平成30年には神戸市の新開地に「神戸新開地喜楽館」が開場し、やはり昼席では定席公演が行われている。喜楽館はオープンしてまだ時を経ないため、夜席も含めて今後どのように活用されていくのか未知数のところもあるが、繁昌亭は上方落語をいつでも聴ける場所として、すっかり定着している。

落語家の活動としてはマスコミでの知名度が高い桂ざこばを筆頭として、桂文珍、桂南光、笑福亭鶴瓶の三枚看板の会は高額のチケット代にもかかわらず東西で人気を呼んでおり、上方落語界は近年でも東京以上に、マスコミでの知名度と落語会における集客力が連動している感がある。こちらも長年にわたる人気者の六代目桂文枝は、トータルで300席を超える創作落語を発表した。新作を中心とするところでは笑福亭福笑の動員力が高く、それに続く世代でも七代目笑福亭松喬や桂吉弥、その他落語の実力で高い評価を得る者が出てきている。

大阪では定席実現の一方で落語に適した会場の浮沈が大きく、平成8年に作られた通称「ワッハ上方」は大・小の規模の落語会で活用されたが、現在では落語会場としてはその役割を終えている。小劇場公演に適し、落語会にも使われた梅田のオレンジルームや、扇町ミュージアムスクエアでの落語会も消滅した。その一方、人気落語家らによる小規模な落語会場の設立が見られた。桂ざこばは動物園前（新世界）に「動楽亭」を設け、現在は米朝一門を中心として月に20日間の昼席公演が行われている。笑福亭鶴瓶も帝塚山の旧・六代目松鶴宅を「無学」と名付けて会場とし、若手を中心にした勉強会も行われている。上方では東京と比べると、マスコミでの知名度が高い落語家が集客力を持つ傾向が強いが、それでも一般的な知名度以上に観客を集める落語家も育ち、活躍している。

平成の30年ほどの間には当然ながら中心世代が交代した。東京では先述したほかに、立川談志、五代目三遊亭圓楽、五代目春風亭柳朝、十代目桂文治などの落語家が鬼籍に入った。上方でも四天王のうち桂米朝、三代目桂春團治、五代目桂文枝が平成の間に歿し、露の五郎兵衛、二代目桂春蝶、実力派として将来を嘱望された六代目笑福亭松喬、笑福亭松葉（七代目松鶴を追贈）、桂吉朝らが世を去った。次代を担うべき人材が若くして次々と世を去ったこともあり、東京ほどスムーズな世代交代はなされていないように思われる。

総じて平成の時代は、東・西ともに落語家の人数が大幅に増加した。これも終身雇用者の減少および非正規雇用者の増加など社会状況と無関係ではないはずだが、なんにしても落語の魅力が広く伝わり、落語家を「就きたい職業」と考える若者が以前の世代より増加したのは確かであろう。そして落語の受け取り方も、従来のテレビ・ラジオ、CD・DVDなどに加えてインターネット上の動画でも楽しめる時代になった。享受の手段は増えたが、だからといって寄席や落語会の客が減ることはなく、むしろ増加しているのは喜ばしいことである。

平成の終盤に来て、主だった協会の会長が交代した。落語協会は柳亭市馬、落語芸術協会は平成30年の桂歌丸会長死去に伴い、春風亭昇太が会長に就いた。そして上方落語協会でも長年務めた六代目桂文枝に代わり、笑福亭仁智が会長に就任した。元号の代わり目を迎え、落語家の組織でも新たな時代への変化が起こりそうである。

名前の後の○内の番号は世数を表しています。

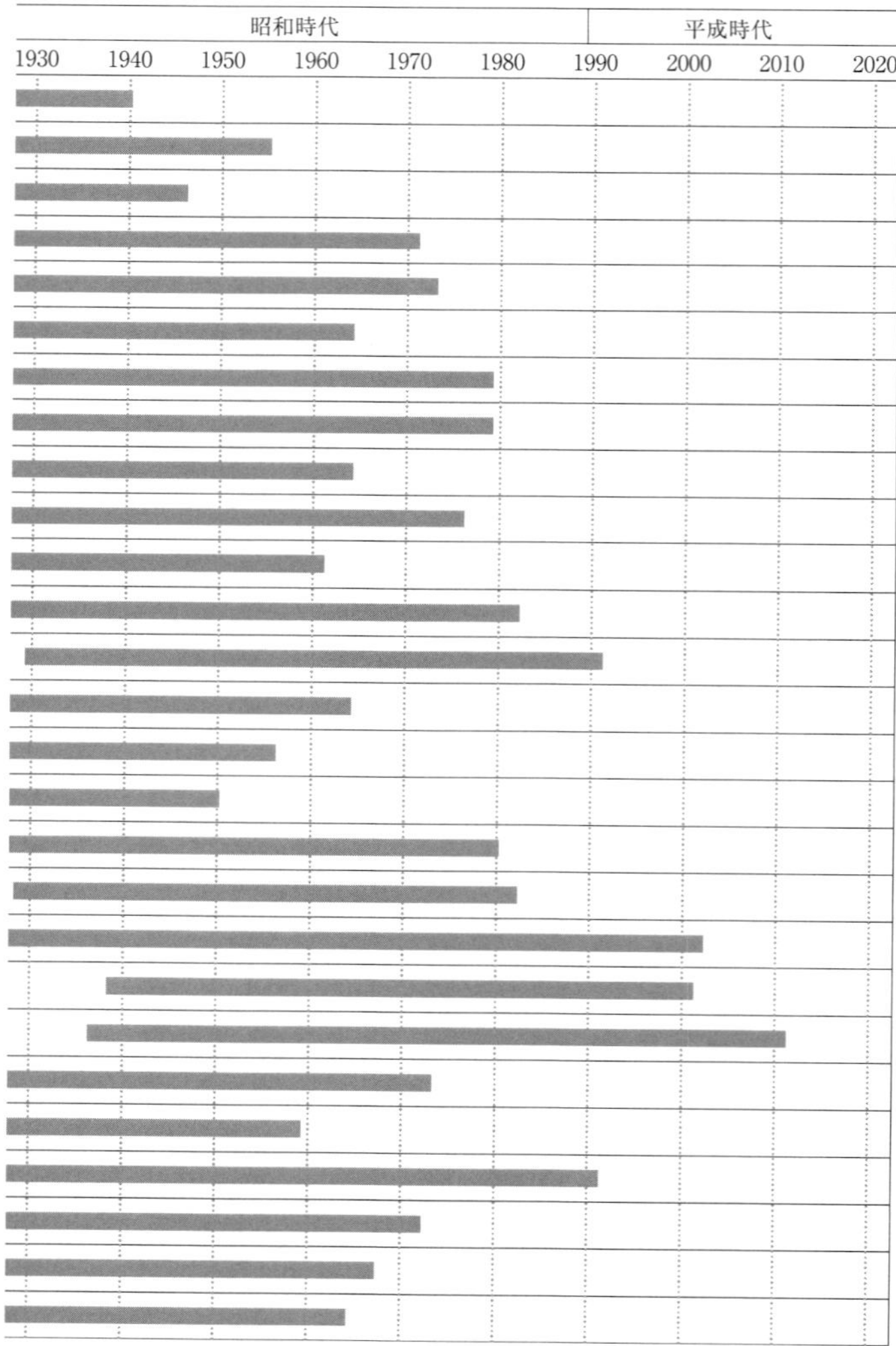

江戸（東京）の落語家の生歿年

	名前／時代 西暦	明治時代					大正時代
		1870	1880	1890	1900	1910	1920
江戸落語	三遊亭圓生⑤						
	桂文治⑧						
	柳家小さん④						
	桂文楽⑧						
	古今亭志ん生⑤						
	三遊亭金馬⑤						
	春風亭柳橋⑥						
	三遊亭圓生⑥						
	三遊亭円歌②						
	古今亭今輔⑤						
	桂三木助③						
	林家正蔵⑧						
	春風亭柳朝⑤						
	三笑亭可楽⑧						
	春風亭柳好③						
	三遊亭歌笑③						
	林家三平①						
	金原亭馬生⑩						
	柳家小さん⑤						
	古今亭志ん朝①						
	立川談志⑦						
まだいる江戸落語	三遊亭小圓朝③						
	春風亭柳枝⑧						
	雷門助六⑧						
	柳家金語楼						
上方ばなしの人々	桂小文治						
	三遊亭百生						

名前の後の○内の番号は世数を表しています。

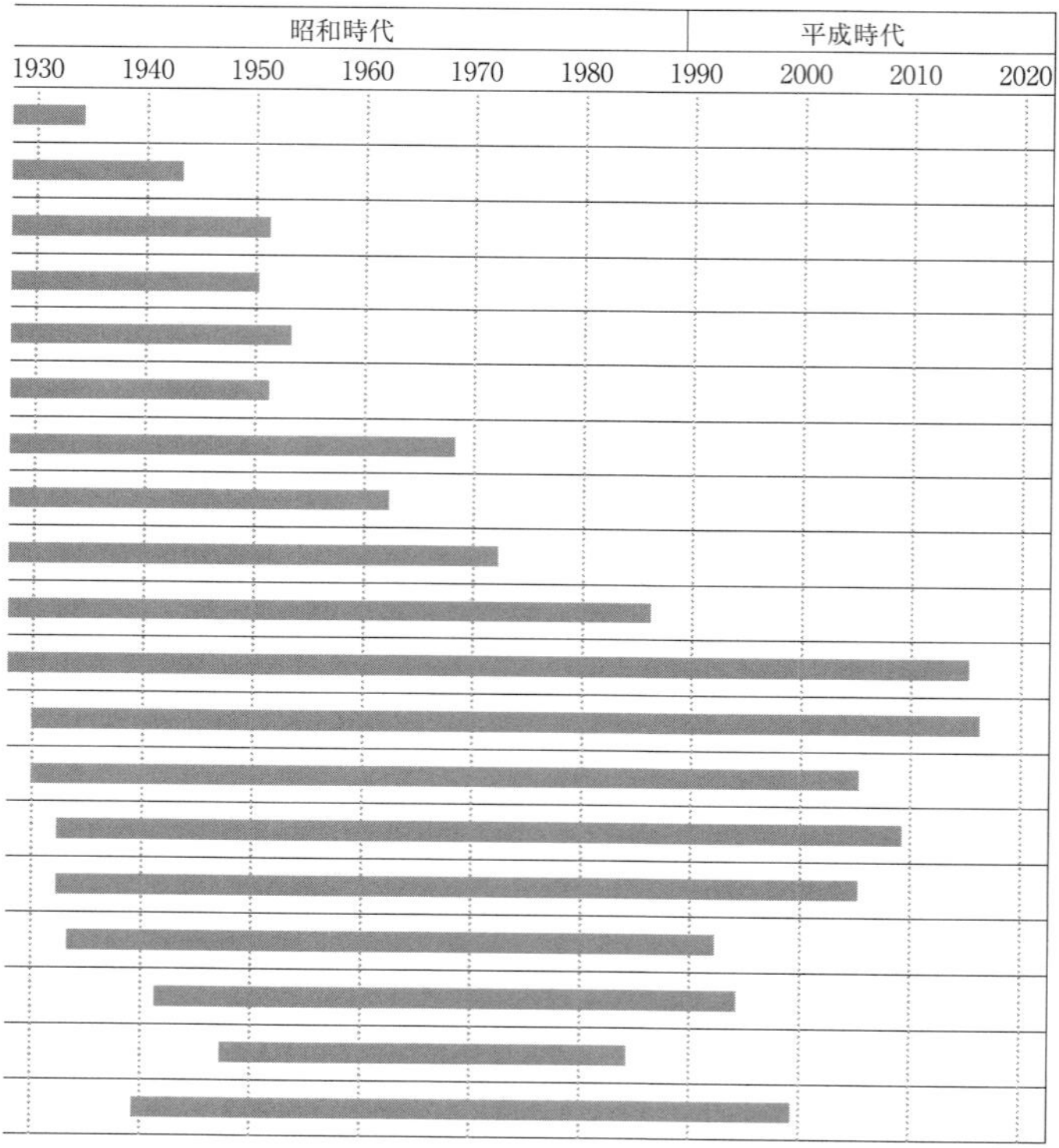

昭和時代							平成時代		
1930	1940	1950	1960	1970	1980	1990	2000	2010	2020

上方（関西）の落語家の生歿年

	名前／時代	明治時代					大正時代
	西暦	1870	1880	1890	1900	1910	1920
上方落語	桂春團治①						
	桂三木助②						
	立花家花橘②						
	笑福亭松鶴⑤						
	桂春團治②						
	桂米團治④						
	林家染丸③						
	桂文團治④						
	橘ノ圓都						
	笑福亭松鶴⑥						
	桂米朝③						
	桂春團治③						
	桂文枝⑤						
	露の五郎兵衛②						
	桂文紅④						
	桂文我③						
	桂春蝶②						
	林家小染④						
	桂枝雀②						

主要参考文献 順不同

『図説 落語の歴史』山本進　河出書房新社
『目と耳と舌の冒険』都筑道夫　晶文社
『現代落語家論』川戸貞吉　弘文出版
『芸双書1　色物の世界』南博・永井啓夫・小沢昭一　白水社
『正蔵一代』八代目林家正蔵　青蛙房
『落語鑑賞』安藤鶴夫　苦楽社
『名人名演落語全集』全10巻　立風書房
『柳家小さん集』上下巻　五代目柳家小さん
『芸談 あばらかべっそん』八代目桂文楽　ちくま文庫
『落語芸談』上下　暉峻康隆・桂文楽・林家正蔵・三遊亭圓生・柳家小さん　三省堂
『いろは交遊録』徳川夢声　ネット武蔵野
『らくごコスモス』京須偕充　弘文出版
『名人芸の黄金時代 桂文楽の世界』山本益博　ちくま文庫
『志ん生の昭和』保田武宏　角川アスキー総合研究所
『落語無頼語録』大西信行　芸術出版社
『えぴたふ六代目圓生』山本進　平凡社
『圓生全集』全10巻　青蛙房
『寄席育ち』『明治の寄席芸人』六代目三遊亭圓生　いずれも青蛙房
『古今東西落語家事典』諸芸懇話会・大阪芸能懇話会　平凡社
『古典落語 正蔵・三木助集』林家正蔵・桂三木助　ちくま文庫
『三木助歳時記』上下　安藤鶴夫　河出文庫
『林家正蔵集』上下　林家正蔵　青蛙房
『落語家の居場所』矢野誠一　文春文庫
『なつかしい芸人たち』色川武大　新潮社
『寄席放浪記』色川武大　河出文庫
『金原亭馬生集成』全三巻　旺国社
『柳家小さん集』五代目柳家小さん・東京大学落語研究会ＯＢ会　青蛙房
『世の中ついでに生きてたい』古今亭志ん朝　河出文庫
『安藤鶴夫作品集Ⅱ』安藤鶴夫　朝日新聞社
『昭和上方笑芸史』三田純市　学芸書林
『鹿のかげ筆』花柳芳兵衛　白川書院
『放送演芸史』井上宏編　世界思想社
『上方放送お笑い史』読売新聞大阪本社文化部編　読売新聞社
『落語の世界』全3巻　岩波書店
『正岡容集覧』正岡容　仮面社
『完本正岡容寄席随筆』桂米朝・大西信行・小沢昭一・永井啓夫編　岩波書店
『笑売往来』全15冊　吉本興行部
『吉本興業百五年史』吉本興業
『四世桂米團治寄席随筆』桂米朝編　岩波書店
『特別展　人間国宝・桂米朝とその時代』展覧会図録　兵庫県立歴史博物館
『上方落語の戦後史』戸田学　岩波書店
『上方落語をきく会50周年記念』ＡＢＣ落語まつりパンフレット　朝日放送株式会社
『上方はなし』全49集　楽語荘
『桂米朝集成』全4巻　桂米朝著　豊田善敬・戸田学編　岩波書店
『桂米朝座談』全2巻　桂米朝著　豊田善敬・戸田学編　岩波書店
『上方落語ノート』全4集　桂米朝　青蛙房
『現代上方落語人録』相羽秋夫　弘文出版
『上方落語よもやま草紙』桂米之助　たる出版
『笑いをつくる 上方芸能笑いの放送史』澤田隆治　ＮＨＫライブラリー
『上方演芸大全』大阪府立上方演芸資料館（ワッハ上方）編　創元社
ＣＤブック『栄光の上方落語』朝日放送ラジオ「上方落語をきく会」編　角川書店
『昭和戦前面白落語全集 上方篇』解説書　前田憲司　日本音声保存
『落語レコード八十年史』都家歌六　国書刊行会
『上方芸能』全200号　上方芸能編集部
『藝能懇話』大阪藝能懇話会
『落語』弘文出版
『落語界』深川書房

著者略歴

今岡謙太郎　いまおか・けんたろう
1964年、神奈川県生まれ。早稲田大学大学院文学研究科芸術学（演劇）専攻、博士課程満期退学。武蔵野美術大学教養文化・学芸員課程教授。著書に『芝居絵に見る江戸・明治の歌舞伎』（共著、小学館）、『歌舞伎登場人物事典』（共著、白水社）、『日本古典芸能史』（武蔵野美術大学出版局）などがある。

中川桂　なかがわ・かつら
1968年、大阪府守口市生まれ。大阪大学大学院文学研究科博士後期課程修了。二松学舎大学文学部教授。著書に『落語の黄金時代』（共著、三省堂）、『江戸時代落語家列伝』（新典社）などがある。

宮信明　みや・のぶあき
1981年、大阪市生まれ。慶應義塾大学文学部卒業。立教大学大学院文学研究科博士後期課程修了。早稲田大学演劇博物館招聘研究員。著書に『落語とメディア』（早稲田大学演劇博物館）などがある。

重藤暁　しげふじ・ぎょう
1991年、東京都荒川区生まれ。早稲田大学基幹理工学部卒業。一橋大学大学院言語社会研究科にて研究。現在、歌舞伎の常磐津節太夫（常磐津佐知太夫）、TBSラジオ「神田松之丞　問わず語りの松之丞」で笑い屋として活躍。江戸川大学情報文化学科特別講師。

装幀　中本訓生

淡交新書
昭和の落語 名人列伝

2019年7月20日　初版発行

著　者　今岡謙太郎・中川 桂・宮 信明・重藤 暁
発行者　納屋嘉人
発行所　株式会社 淡交社
本社　〒603-8588 京都市北区堀川通鞍馬口上ル
営業　075-432-5151　編集　075-432-5161
支社　〒162-0061 東京都新宿区市谷柳町39-1
営業　03-5269-7941　編集　03-5269-1691
www.tankosha.co.jp

印刷・製本　図書印刷株式会社

ISBN978-4-473-04288-0